高　扬
著

金融市场
有效价差的估计方法

Estimation of the Effective Spread
on Financial Markets

清華大学出版社
北　京

图书在版编目(CIP)数据

金融市场有效价差的估计方法/高扬著. —北京：清华大学出版社，2019
ISBN 978-7-302-52391-8

Ⅰ. ①金… Ⅱ. ①高… Ⅲ. ①金融市场—研究 Ⅳ. ①F830.9

中国版本图书馆 CIP 数据核字(2019)第 038169 号

责任编辑：刘 晶
封面设计：汉风唐韵
责任校对：王凤芝
责任印制：沈 露

出版发行：清华大学出版社
网 址：http://www.tup.com.cn，http://www.wqbook.com
地 址：北京清华大学学研大厦 A 座 邮 编：100084
社 总 机：010-62770175 邮 购：010-62786544
投稿与读者服务：010-62776969，c-service@tup.tsinghua.edu.cn
质量反馈：010-62772015，zhiliang@tup.tsinghua.edu.cn
印 装 者：三河市金元印装有限公司
经 销：全国新华书店
开 本：170mm×240mm 印 张：9.5 字 数：142 千字
版 次：2019 年 4 月第 1 版 印 次：2019 年 4 月第 1 次印刷
定 价：69.80 元

产品编号：073540-01

作 者 简 介

高扬,2015 年 7 月获北京大学经济学博士学位,现为北京工业大学经济与管理学院副教授,硕士生导师。目前主持 1 项国家自然科学基金青年项目及 2 项省部级项目,参与多项国家自然科学基金项目,并在国内外核心期刊上发表论文二十余篇。

研究方向为金融市场微观结构、金融时间序列等。

前言

PREFACE

流动性是金融市场微观结构研究中的一个关键问题，对于资产定价、市场有效性、企业财务以及风险管理等各类金融决策均有重要的意义，而流动性的测度则是这一类问题的基础。本书将统计学与金融热点问题相结合，研究市场微观结构中流动性的度量方法，特别是关于交易成本的度量方法及其统计推断，为流动性的应用提供经济计量学的理论基础。由于流动性是个多维度的概念，交易成本是其中重要的一个方面，度量交易成本的基本方式是买卖价差（Bid-Ask spread），而有效价差（Effective Spread）是常用的买卖价差指标，因此本书主要分四部分来分析交易成本特别是有效价差的推断方法。

（1）首先从理论上分析比较两类有效价差估计的统计性质，即 Roll 的协方差估计（Roll，1984）及最近由 Corwin 和 Schultz（2012）提出的基于最高价和最低价得到的价差估计。与以往文献中采用估计价差与基准价差的相关系数来衡量和比较不同估计优劣表现的做法有所不同，本书通过推导并对比两种估计的偏差、均方误差及其在大样本下的性质，从而在理论上证明基于最高价和最低价的价差估计精度的确高于 Roll 的估计，并通过随机模拟分别在理想和非理想状况下进行验证。此外，借助 Bootstrap 方法给出的置信区间分析对 S&P 500 成分股票等的应用研究也从实证角度证实了 High-Low 估计优于 Roll 协方差估计的结论。

（2）在 Roll 价格模型的基础上，本书基于价格极差的信息得到新的一阶矩条件，结合 Corwin 和 Schultz（2012）文章中价格极差的二阶矩条件，提出 5 种区别于 Corwin 和 Schultz 所提估计的新的 High-Low 矩估计，并推导出五种 High-Low 估计包括偏差、方差、相合性以及渐近正态性在内的统计性质，随后通过直接考察理论性质或者进行随机模拟研究等比较新的 High-Low 矩估计与

Corwin 和 Schultz 的 High-Low 估计的估计精度。此外，本书还提出基于上述矩条件的多个广义矩估计，并通过模拟结果验证广义矩估计的优势。

(3) 无论是 Roll 的协方差估计，还是 Corwin 和 Schultz 文中的 High-Low 估计，抑或本书第二部分提出的新的 High-Low 矩估计或者广义矩估计，其本质都是矩估计。因此本书基于 Roll 的价格模型，从对数价格极差的分布函数出发，利用其近似正态特征，提出一种有效价差的近似极大似然估计，并给出拟极大似然估计的统计性质。通过数值模拟，比较这一新的估计与 Roll 的协方差估计、贝叶斯估计以及 Corwin 和 Schultz 的 High-Low 估计在各种不同状况下的精度。模拟的结果表明，无论是理想状态还是非理想状态下，极大似然估计和 High-Low 估计的精度均高于协方差和贝叶斯估计；当波动率相对较小的时候，极大似然估计的精度优于 High-Low 估计。另外，在交易不连续的非理想情形下，极大似然估计要比 High-Low 估计更加稳健。

(4) 由于低频价差估计的方法种类较多，结合前三个方面的结果，针对基于 Roll 的价格模型得到的多种低频有效价差的估计方法，本书以中国股票和债券市场的交易数据为例，对其交易成本尤其是有效价差的估计方法进行实证比较，研究不同的有效价差估计方法对中国金融市场的适用性。

目录
CONTENTS

第一章 导读

第一节 研究背景

金融市场微观结构研究主要是分析和探索金融市场中金融资产价格的形成机制以及市场的交易机制等，通过对市场交易机制设计的改善，可以促使金融市场更加有效地实现资源配置。流动性是衡量金融市场质量最重要的准则之一，因为适度的流动性能够提高市场效率，降低交易成本，从而促进市场的交易。因而流动性是金融市场微观结构研究里的一个关键问题，对于资产定价、公司金融以及风险管理等各类金融决策均有重要的意义，而流动性的测度则是这一类问题的基础。

流动性具体是指在市场上一笔较大额的交易能够快速地实现，并且对市场的价格产生尽可能小的影响能力。在一个流动性较强的市场上，交易者应该能够以观测到的市场价格比较迅速地来完成任意数量资产的交易；反之，在一个缺乏流动性的市场上，交易者为了完成一个较大数额的交易，必须改变市场刚刚形成的价格或者通常需要等待较长的时间。因此，流动性的测度往往是从多个维度进行的，根据 Kyle(1985)对流动性的定义，衡量流动性一般有四个维度，即宽度、深度、即时性和弹性。其中，宽度是很重要的一个方面，其主要衡量的是交易成本指标，而度量交易成本的基本方式是买卖价差(Bid-ask Spread)。买卖价差越小，立即执行交易的成本就越低，从而市场流动性就越好。

买卖价差等流动性指标对于金融计量领域内的许多实证研究都具有重要的意义。例如，在资产定价研究领域内，Chordia 等(2000)指出，多种价差测度是系统地变化的；Goyenko(2006)证实了几种价差测度均是可以被定价的；Fujimoto(2004)，Korajczyk 和 Sadka(2008)、Hasbrouck(2009)等都检验了买卖价差在美国金融市场中的定价作用；而 Bekaert 等(2007)则指出买卖价差在新兴市场定价问题中所起到的作用。此外，包括买卖价差在内的各种流动性测度在公司金融研究中也逐渐变得更加重要，例如 Pham 等(2003)、Dennis 和 Strickland(2003)、Cao 等(2004)、Lipson 和 Mortal(2004)、Schrand 和 Verrecchia(2004)、Lesmond 等(2008)及其他许多学者都研究了股票的流动性在公司金融领域里的应用问题。此外，Helfin 和 Shaw(2000)、Lipson 和 Mortal(2004)、Lerner 和 Schoar(2004)等还探索了流动性对资本结构、证券发行形式以及其他金融决策问题的重要意义。由此可见，研究买卖价差等流动性的测度问题的确是金融市场微观结构中的一个关键问题。

依据买卖价差的定义，其又可以区分为报价价差、已实现价差、有效价差等。具体来讲，早期对买卖价差成分的研究主要是以报价驱动市场为对象，报价价差(Quoted Spread)是做市商报出的卖价(Ask Price)与买价(Bid Price)的差值，是可以直接观测到的数值，它反映做市商对订单执行成本的预期。在指令驱动市场，不少学者把指令簿价差(即最佳买卖报价价差和报价深度加权价差)作为报价价差。已实现价差(Realized Spread)衡量订单执行价格和订单执行后一段时间的买卖报价中点之间的差额。已实现价差反映订单执行后的市场影响成本。有效价差(Effective Spread)则是指订单的成交价格与订单到达时市场的均衡价格之间的差值。有效价差衡量订单的实际执行成本，在一定程度上克服买卖价差不能反映订单在买卖价差之外和之内成交的情况(即高估或低估执行成本)。考虑到实际的交易很多发生在报价范围内，有效价差被认为比报价价差更好地刻画了实际的交易成本(Petersen 和 Fialkowski，1994)。有效价差本质上是由成交价与均衡价格之间的差距决定的，而均衡价格无法直接观测到，因此需要根据观测到的价格信息对有效价差进行估计。如果能够获取高频的交易数据，通常利用买卖报价的中间价作为均衡价格的代理值，并由此计算出有效价差；在无法获取高频数据的情形下，需要利用低频观测数据对有效价差进行估计。

本书关注的是基于低频数据对金融市场有效价差的估计问题。尽管目前日内高频数据已经被广泛使用，我们仍然经常采用基于低频数据对有效价差的估计进行资产定价、公司金融以及市场有效性检验等各类金融决策问题的研究，这主要基于三方面的原因：一是某些情况下研究者所考察的时间区间内日内高频数据尚无法获取，或者在研究涉及多个国际市场时，高频数据无法同时获得。例如，虽然美国市场能够获取从1983年开始的高频交易数据，但还有很多国家的金融市场日内高频交易数据仍是无法获得的。二是即使能够获得高频交易数据，部分报价数据和交易数据之间也可能存在不匹配的情况，直接利用其计算有效价差并不可靠。三是运用日度等低频数据估计交易成本可以减少处理海量高频数据的时间和工作量，特别是如果研究的重点聚焦在金融市场的平均交易成本，采用低频数据估计的交易成本就能收到不错的效果。所以，目前仍然有许多学者研究如何基于低频的交易数据进行有效价差的估计。

基于低频价格信息估计有效价差的最经典的结果来自Roll(1984)。在Roll的价格模型里，成交价格(或者说观测价格)是在均衡价格的基础上按照交易由买方还是卖方发起相应地加上或减去有效价差，由此根据成交价格改变量的样本自协方差函数即可构造出对有效价差的估计。此后许多学者对Roll的工作进行了各种改进。例如，Choi等(1988)认为在Roll的价格模型中应该考虑到交易方向的序列相关性；Holden(2009)进一步考虑了存在不交易的可能性及其影响；Hasbrouck(2004，2009)针对Roll的模型给出了基于Gibbs抽样的贝叶斯(Bayes)估计方法等。此外，Glosten和Harris(1988)、Madanvan等(1997)、Huang和Stoll(1997)等通过将交易指示量与价格变化和交易规模等联系起来拓展了Roll的模型，分别提出了一些新的价格模型，并由此给出了估计和分解买卖价差的方法。Holden(2009)拓展了Huang和Stoll的模型，并根据序列相关、价格聚类等基本思想提出了几种新的价差估计形式。Corwin和Schultz(2012)则在Roll模型的基本假设下依据每个交易日最高价和最低价的差值(即日内价格极差)提出了估计买卖价差的High-Low方法。上述方法均在假定价格模型为Roll模型的基础上对价差进行估计，而Lesmond等(1999)从构建收益率模型的角度出发，基于在非零收益率的交易日里知情交易发生以及在零收益率的交易日里知情交易未发生的假设提出了LOT等估计有效价差的思路；Fong等(2017)在LOT模型的基础上进一步基于交易成本对称的假设，提出了FHT估计等。

在上述有效价差估计方法的基础上，Lesmond 等(2004)、Gehrig 和 Fohlin (2006)、Kim 等(2007)、Lipson 和 Mortal(2004)、Bharath 等(2009)、Asparouhova 等(2010)以及其他学者采用了 Roll 协方差估计以及基于 Roll 模型的一些拓展估计作为流动性的度量，研究了日内高频交易数据能够获取之前时，流动性在资产定价、公司金融以及市场有效性等问题中的应用。Amihud 等(2003)、Chakrabarti 等(2005)、Griffin 等(2010)则考察了 Roll 等有效价差估计在多个国际市场间的应用问题。此外，Lesmond 等(2004)、Mei 等(2005)、Bekaert 等(2007)以及 Griffin 等(2010)还进行了 LOT 估计的应用研究。

为了比较各种低频价差估计方法对流动性的度量效果，不少学者往往借助由高频数据计算或估计出来的买卖价差作为基准，并通过计算和比较不同低频估计与基准价差之间的相关系数来对其进行评价，而这种直接比较相关性的方法可能有至少两方面的不足：一是该比较方法必须从实证的角度出发，也就是说会过分依赖于某个具体的金融市场或者资产的高频以及低频的交易数据。如果变换为其他市场或资产的交易数据，这种相关性的差距或次序并不一定保持不变。另外，如果是针对不同方式定义的流动性度量，考察并比较它们与基准度量的相关性是可以理解的，但是如果只是针对同一个模型里相同参数的不同估计，比如 High-Low 估计及协方差估计都是对 Roll 的模型里有效价差参数的估计，那么按照统计和计量的逻辑，通过分析估计量的精度(比如偏差和均方误差)和统计性质来比较不同的估计显然是更加合理的做法。然而，很少有研究直接从分析估计量的精度和统计性质出发，因此，本书着重于研究低频价差估计的统计性质，首先主要研究 Roll 估计与 High-Low 估计的统计特征，并给出这两种估计的理论性质及模拟比较结果。

无论是 Corwin 和 Schultz(2012)的文章还是本书的研究结果，均证实了利用价格极差信息的 High-Low 估计比单纯采用收盘价信息的价差估计存在显著优势。受此启发，我们也进一步根据价格极差信息提出新的低频价差估计，包括(简单)矩估计、广义矩估计以及极大似然估计等，并且给出新估计的理论性质，同时进行随机模拟研究或者实证分析，从理论性质、模拟结果以及实证分析三个角度证实本书提出的有效价差估计方法是比较理想的价差估计。最后，根据基于 Roll 的价格模型得到的多种低频有效价差的估计方法，本书分别对中国股票市场和债券市场进行实证研究，探索究竟哪种估计方法适用于中国的金融市场。

第二节　本书内容及结构

在上一节中，围绕着低频有效价差的估计，提出了本书研究的问题，这些问题可以归纳为四个方面，对这四个方面的研究将分别对应于后面互相关联的四个章节。下面根据这些问题的顺序，简要描述本书主要的研究工作，并给出本书具体的结构安排。

第一章中对低频有效价差的估计方法进行了文献综述。本书的基本模型即为文献综述中 Roll 的价格模型，下面各章研究都是以 Roll 的基本价格模型为基础的。

第二章的研究从低频价差估计的统计性质出发，由于 Roll 协方差估计和最近提出的 High-Low 估计都属于计算简便、较易获得并且使用广泛的估计，第二章首先计算了这两种估计偏差、均方误差等，并研究其相合性、渐近正态性等渐近性质，进而在理论上直接给出对这两种价差估计的统计评价。然后，采用随机模拟的方法对理论结果进行验证，随机模拟的设置分为理想状况和非理想状况，理想状况即价格可以连续地观测到，而非理想状况包括存在隔夜收益率以及价格不能被频繁地观测到等，并且本书给出两种价差估计的均方误差随波动率或买卖价差的变化趋势。最后，借助 Bootstrap 方法，考察两种估计方法在有限样本下的置信区间，从实际角度验证了 High-Low 估计的精度更高。

从第二章的研究可以得出利用价格极差信息的 High-Low 估计比单纯采用收盘价信息的价差估计的估计精度更高，而 Corwin 和 Schultz(2012)所提的 High-Low 估计主要是基于两个二阶矩条件的矩估计，因此，第三章采用更多的矩条件提出基于价格极差的新的矩估计或者广义矩估计。具体来讲，首先根据四个矩条件提出五个新的基于最高价格和最低价的矩估计，然后计算这五个矩估计的估计偏差、均方误差等，研究其相合性、渐近正态性等渐近性质，进而从理论上直接给出包括 Corwin 和 Schultz(2012)的 High-Low 估计在内的共六个基于极差的矩估计的统计评价。理论结果表明，Corwin 和 Schultz 的估计并不是最优的 High-Low 估计。接下来，本章对六种 High-Low 估计也进行模拟研究，随机模拟的设置与第二章类似。此外，本章还提出基于上述多个矩条件的广义矩估计等，并通过模拟结果检验广义矩估计的估计精度等。

在第二章和第三章研究的基础上可以发现，无论是 Roll 协方差估计还是 High-Low 估计，实际上都是矩估计，而且第三章提出的估计也均为矩估计或者广义矩估计。因此，第四章则主要利用价格极差的对数近似服从正态分布的特性，给出有效价差的一种新的近似极大似然估计方法。首先给出基于遗传算法的近似极大似然估计方法，然后与前两章一致，给出极大似然估计的渐近性质。接下来则针对协方差估计、贝叶斯估计以及 High-Low 的估计和本章的极大似然估计的精度通过随机模拟进行比较，随机模拟的设置仍与前两章一致。最后给出一个简要的结论。

第五章和第六章结合前面三章中的低频价差估计方法，分别基于中国股票和债券市场的高频交易数据对我国金融市场中有效价差估计的适用性进行实证研究。

最后一章给出本书所研究内容的一个简要的总结，并对本书的不足之处进行阐述，指出下一步改进和研究的方向。

第三节　低频估计的文献综述

第一节研究背景中提到的基于低频价格信息估计有效价差的方法，最经典的结果来自于 Roll(1984)。在 Roll 的价格模型里，观测到的价格（或者说成交价格）是在均衡价格的基础上按照交易是由买方还是卖方发起相应地加上或减去有效价差的一半，并由此根据成交价格差分的样本自协方差函数即可构造出对有效价差的估计。此后许多学者对 Roll 的工作进行了各种改进。例如，Choi 等(1988)认为，在 Roll 的价格模型中应该考虑到交易方向的序列相关性；Holden(2009)进一步考虑了存在不交易的可能性及其影响；Hasbrouck(2004，2009)针对 Roll 的模型给出了基于 Gibbs 抽样的贝叶斯估计方法等；Holden

(2009)在拓展了 Roll 模型根据序列相关、价格聚类等基本思想提出了几种新的价差估计形式等。

Corwin 和 Schultz(2012)则基于 Roll 模型的基础上根据日内的价格极差提出了估计买卖价差的 High-Low 方法。易见,上述各种价差估计方法都是基于价格模型的基础上提出的,而 Lesmond 等(1999)则依据非零收益率的交易日里知情交易发生以及在零收益率的交易日里知情交易未发生的假设下给出了基于收益率的模型,并由此提出 LOT 等估计有效价差的思路;Fong 等(2017)在 LOT 模型的基础上进一步基于交易成本对称的假设,提出 FHT 估计等。下面将分别介绍上述几种有效价差的估计方法。

一、Roll 的估计

1. Roll 协方差估计

Roll(1984)提出了有效价差的协方差估计。其采用的价格模型为[①]

$$\begin{cases} p_t^o = p_t + \dfrac{s}{2}Q_t \\ p_t = p_{t-1} + u_t \end{cases} \tag{1-1}$$

其中,p_t^o 为第 t 天最后一笔交易的对数观测价格(即第 t 天的对数收盘价);p_t 为第 t 天证券的对数基础价值或者真实价格;u_t 为第 t 天均值为 0 且方差为 σ^2 的公共信息冲击,且假定 u_t 序列不相关;s 为有效价差;Q_t 为交易方向指示变量,$Q_t=1$ 时代表买方发起的交易,$Q_t=-1$ 代表卖方发起的交易。Roll 进一步假设 Q_t 取$+1$ 或-1 的概率相等,都是 1/2,Q_t 序列是独立的,即每次交易的方向没有关联,并且与 u_t 相互独立。

由 Roll 的模型易得

$$\Delta p_t^o = \frac{s}{2}\Delta Q_t + u_t \tag{1-2}$$

再据假设 $\mathrm{Cov}(u_t, u_{t-j})=0(j\neq 0)$ 及 $\mathrm{Cov}(u_t, \Delta Q_{t-j})=0(j\neq 0)$ 可得买卖价差

① Roll(1984)的模型中是直接采用的原始价格。本书为了与 Corwin 和 Schultz (2012)的估计方法进行比较,统一将模型设置成对数价格。

满足

$$s = 2\sqrt{-\text{Cov}(\Delta p_t^o, \Delta p_{t-1}^o)} \tag{1-3}$$

利用上述关系，显然可以利用观测价格差分序列的样本自协方差函数来估计买卖价差，具体如下：

$$\hat{s}_{\text{Roll}} = \begin{cases} 2\sqrt{-\widehat{\text{Cov}}(\Delta p_t^o, \Delta p_{t-1}^o)}, & \text{如果}\widehat{\text{Cov}} < 0 \\ 0, & \text{如果}\widehat{\text{Cov}} \geqslant 0 \end{cases} \tag{1-4}$$

上述估计通常被称为买卖价差的协方差估计或者简称 Roll 的估计。Roll(1984)放松其部分假设，允许基础价值变动，并在此基础上考虑更长的时间间隔的情形。这两种情形下得到的价格变动协方差与基本模型完全一致。由 Roll(1984)模型的前提假设可以看出，$s=2\sqrt{-\text{Cov}(\Delta p_t^o, \Delta p_{t-1}^o)}$实际是在仅有订单处理成本情况下对买卖价差的估计，因此是有偏的被低估的估计。Harris(1990)推导出在 Roll 模型的理想条件下价差估计的偏差和方差，并解释在实际数据处理中 Roll 估计不准确的原因。

2. 考虑交易序列相关性的改进的 Roll 估计

Choi 等(1988)认为，有效买卖价差的估计还应考虑交易方向的序列相关性，令 $\delta=P(Q_t=1|Q_{t-1}=1)=P(Q_t=-1|Q_{t-1}=-1)$，模型与 Roll 模型一致，类似于 Roll 估计，易得

$$s = 2\sqrt{-\text{Cov}(\Delta p_t^o, \Delta p_{t-1}^o)/(1-\delta)} \tag{1-5}$$

对 δ 的估计采用极大似然法，似然函数为 $L(\delta) = \prod_{i=1}^{n}[\delta I_i + (1-\delta)(1-I_i)]$，其中当 $Q_i = Q_{i-1}$ 时，$I_i = 1$；当 $Q_i = -Q_{i-1}$ 时，$I_i = 0$。Choi 等(1988)提出两种估计 I_i 的方法：一是利用高频报价直接计算 I_i；另一种是在高频报价无法获得时采用迭代的方法估计 I_i。

3. 包含不交易情形的 Roll 估计

Holden(2009)在 Roll 模型的基础上考虑到存在不交易的可能性，对 Roll 模型进行改进。假设某天发生交易的概率为 μ，不发生交易的概率为 $1-\mu$，假设交易方向等可能，即成交价格在买价和卖价的概率均为 $\mu/2$，则

$$s = 2\sqrt{\mathrm{Cov}(\Delta p_t^o, \Delta p_{t-1}^o)/\mu} \tag{1-6}$$

其中，$\hat{\mu}=\mathrm{TD}/(\mathrm{NTD}+\mathrm{TD})$，TD 为一段时间内发生交易的天数，NTD 为不发生交易的天数。

二、贝叶斯估计

由于 Roll 模型中的协方差有时为正值，得出的估计值会存在问题，Hasbrouck(2004,2009)对 Roll 模型中的参数 c、σ^2 给出基于 Gibbs 抽样的贝叶斯估计方法。模型及模型假设同 Roll 估计，样本量大小为 T，定义 $c=s/2$，观测到价格的样本为$\{p_1^o,\cdots,p_T^o\}$，潜变量为交易方向指示变量$\{Q_1,\cdots,Q_T\}$以及真实价格$\{p_1,\cdots,p_T\}$，对参数 c、σ^2 的先验分别为 $N^+(0,\sigma_{c,\mathrm{prior}}^2)$、$IG(\alpha,\beta)$（逆伽马分布）。Gibbs 抽样的步骤如下：

(1) 先初始化 $c^{[0]},\sigma^{2[0]},Q_1^{[0]},\cdots,Q_T^{[0]}$；

(2) 将式(1-2)看作回归方程，在 $Q_t=Q_t^{[i-1]}(t=1,\cdots,T)$，$\sigma^2=\sigma^{2[i-1]}$的条件下得到 c 的后验分布，从该分布中抽取 $c^{[i]}$；

(3) 通过 $c^{[i]}$ 计算回归的残差，进而得出 σ^2 的后验分布，抽取 $\sigma^{2[i]}$；

(4) 分别从 $f(Q_1\mid c^{[i]},\sigma^{2[i]},Q_2^{[i-1]},\cdots,Q_T^{[i-1]}),\cdots,f(Q_T\mid c^{[i]},\sigma^{2[i]},Q_1^{[i]},Q_2^{[i]},\cdots,Q_{T-1}^{[i]})$中抽取 $Q_1,\cdots,Q_T$；

重复进行(2)～(4)步 n 次，对 $c^{[1]},\cdots,c^{[n]}$取均值得到有效价差的估计。事实上，Gibbs Roll 的方法提高了 Roll 模型采用低频交易数据估计买卖价差的准确性，但是一定程度上增大了计算的负担。

三、Holden 估计

Holden(2009)以及 Goyenko 等(2009)根据价格聚类、序列相关等基本思想提出 Holden、Effective tick 等估计。

1. Holden 估计

Holden 对式(1-2)的价格变化过程做了一个自然的拓展，他认为 s_t 是变化的，由于买卖价差一般可分解为三个组成部分——逆向选择成本、订单处理成本以及存货成本，Holden 假设逆向选择成本和存货成本占价差的比例为 α，订单处

理成本的比例为 $1-\alpha$ 中。Holden 提出的模型为

$$\Delta p_t = \frac{s_t}{2}Q_t - (1-\alpha)\frac{s_{t-1}}{2}Q_{t-1} + u_t, u_t \sim N(\bar{u}, \sigma_u^2) \tag{1-7}$$

假设某天发生交易的概率为 μ，不发生交易的概率为 $1-\mu$，并且假定 s_t 从集合 $s_j, j=1,2,\cdots,J$ 中以对应的概率 $\gamma_j, j=1,2,\cdots,J$ 随机抽取，不妨设 $s_1, s_2,\cdots,s_J$ 已由小到大排序。例如考虑 1/8 美元价格细分的情形，s_t 有 γ_1 的概率取 $s_1=1/8$ 价差，γ_2 的概率取 $s_2=1/4$ 价差，γ_3 的概率取 $s_3=1/2$ 价差，γ_4 的概率取 $s_4=1$ 价差，则

$$\text{Holden} = \frac{\sum_{j=1}^{J} \hat{\gamma}_j s_j}{\bar{P}} \tag{1-8}$$

定义 C_t 为第 t 天观测到的价格类别，具体来说，若第 t 天无交易，则 $C_t=0$。在交易日里，$C_t=1,2,3,4$ 表示对应的交易价格为奇数倍的 1/8、1/4、1/2 以及整数。定义第 t 天不可观测的方向半价差 $H_t=s_tQ_t/2$，Q_t 为交易方向指示变量，此处 H_t 有 9 种可能的取值：0 美元，±1/16 美元，±1/8 美元，±1/4 美元，±1/2 美元。对于三个连续交易日，观测到价格为(P_t, P_{t+1}, P_{t+2})，对应的价格类别为(C_t, C_{t+1}, C_{t+2})。若 H 是所有给定价格类别后的半价差(H_t, H_{t+1}, H_{t+2})的集合，则利用极大似然法可得到参数$(\mu, \gamma_1, \gamma_2, \cdots, \gamma_{J-1}, \bar{u}, \sigma_u^2, \alpha)$的估计。似然函数如下：

$$\begin{aligned}
&P(P_t, P_{t+1}, P_{t+2} \mid \mu, \gamma_1, \gamma_2, \cdots, \gamma_{J-1}, \bar{u}, \sigma_u^2, \alpha) = \\
&\sum_{(H_t, H_{t+1}, H_{t+2}) \in H} \{P(C_t) \cdot P(C_{t+1}) \cdot P(C_{t+2}) \cdot P(H_t \mid C_t) \cdot P(H_{t+1} \mid C_{t+1}) \cdot P(H_{t+2} \mid C_{t+2}) \\
&\quad \cdot \varphi(P_{t+1} - H_{t+1} - (P_t - (1-\alpha)H_t)) \cdot \varphi(P_{t+2} - H_{t+2} - (P_{t+1} - (1-\alpha)H_{t+1}))\}
\end{aligned} \tag{1-9}$$

其中，$\varphi(\cdot)$是均值为 $\bar{u}$、方差为 σ_u^2 的正态分布的密度函数。若考虑不交易的情形，再利用无交易里的买卖报价，Holden 提出了另一种形式的价差估计如下：

$$\text{Holden2} = \frac{\mu \sum_{j=1}^{J} \hat{\gamma}_j s_j + \begin{cases} (1-\mu)\dfrac{1}{\text{NTD}}\sum_{t=1}^{\text{NTD}} QS_t, & \text{NTD} > 0 \\ 0, & \text{NTD} = 0 \end{cases}}{\bar{P}} \tag{1-10}$$

其中，NTD 为没有交易的天数，$QS_t = A_t - B_t$ 为没有交易时的报价价差，仍然通过极大似然法来估计参数。

2. Effective 估计

Holden(2009)、Goyenko 等(2009)根据价格分类的特征同时提出 Effective tick 估计。

令 s_t 为第 t 天收盘交易的有效价差，假设 S_t 从集合 $s_j, j=1,2,\cdots,J$ 中以对应的概率 $\gamma_j, j=1,2,\cdots,J$ 随机抽取，不妨设 $s_1, s_2, \cdots, s_J$ 已由小到大排序。令 N_j 为交易价格对应价差为 s_j 时的交易量，F_j 为观测到的交易价格对应价差为 s_j 时的概率，则

$$F_j = \frac{N_j}{\sum_{j=1}^{J} N_j}, \quad j = 1,2,\cdots,J \tag{1-11}$$

令 U_j 为 s_j 对应的概率(Unconstrained)，则 $U_j = \begin{cases} 2F_j, & j=1 \\ 2F_j - F_{j-1}, & j=2,\cdots,J-1, \\ F_j - F_{j-1}, & j=J \end{cases}$

故

$$\hat{\gamma}_j = \begin{cases} \text{Min}[\text{Max}\{U_j, 0\}, 1], & j = 1 \\ \text{Min}\left[\text{Max}\{U_j, 0\}, 1 - \sum_{k=1}^{j-1} \hat{\gamma}_k\right], & j = 2,3,\cdots,J \end{cases} \tag{1-12}$$

则

$$\text{Effective Tick1} = \frac{\sum_{j=1}^{J} \hat{\gamma}_j s_j}{\overline{P}} \tag{1-13}$$

这里只考虑发生交易的价格，即 $\overline{P}$ 为一段时间内发生交易的价格平均值。Holden 在其文章中还提出其他三种 Effective Tick 估计，包括将所有价格均视为交易价格、将交易价格和非交易价格分开考虑、加入交易的概率等三种情形。

四、High-Low 估计

Corwin 和 Schultz(2012)提出了一种基于日内最高价和最低价估计买卖价

差的方法。该估计主要基于两个基本的认知：一是最高价通常是由买方发起的交易形成的，而最低价则一般是由卖方发起的交易形成的；二是一个时段里对数最高价和最低价的差值，即所谓的价格极差（Range），既包含波动率的成分又包含买卖价差的成分，而且它所蕴含的波动率成分与时段的长度成正比，而对应的买卖价差部分则与时段的长度无关。

记第 t 天里交易的最高价、最低价的真实值分别为 H_t 和 L_t，对应的能够观测到的最高价和最低价分别记为 H_t^o 和 L_t^o。此外，将第 t 天和第 $t+1$ 天相邻两天里的最高价和最低价的真实值记为 $H_{t,t+1}$、$L_{t,t+1}$，对应的观测值则分别记为 $H_{t,t+1}^o$ 和 $L_{t,t+1}^o$。在式(1-1)的设置下，观测到的最高价与最低价与真实的最高价与最低价以及买卖价差的关系可以具体表达为

$$\ln H_t^o = \ln H_t + \frac{s}{2}, \quad \ln L_t^o = \ln L_t - \frac{s}{2} \tag{1-14}$$

易见

$$R_t^o \triangleq \ln H_t^o - \ln L_t^o = (\ln H_t - \ln L_t) + s \triangleq R_t + s \tag{1-15}$$

其中，分别用 R_t 和 R_t^o 来表示实际的价格极差和观测到的价格极差，显然两者的差值即给出买卖价差。

由式(1-15)得到

$$E[R_t^{o2}] = E[R_t^2] + 2sE[R_t] + s^2 \tag{1-16}$$

根据 Feller(1951)以及 Parkinson(1980)等给出的具有零漂移项的布朗过程的极差的统计性质，可以得到

$$\gamma_1 \triangleq E[R_t^{o2}] = k_2\sigma^2 + 2k_1\sigma + s^2 \tag{1-17}$$

其中，$k_1=\sqrt{8/\pi}\approx 1.5958$，$k_2=4\ln 2\approx 2.7726$ 为两个常数。

类似地，对连续两天的价格极差 $R_{t,t+1}^o=\ln H_{t,t+1}^o-\ln L_{t,t+1}^o$ 重复上述分析并注意到 $E[R_{t,t+1}]=\sqrt{2}\sigma$ 以及 $E[R_{t,t+1}^2]=2\sigma^2$，得到

$$\gamma_2 \triangleq E[R_{t,t+1}^{o2}] = k_2 2\sigma^2 + 2\sqrt{2}k_1\sigma + s^2 \tag{1-18}$$

根据式(1-17)和式(1-18)式，可以通过迭代算法解出 s 和 σ 并将其表示为 γ_1 和 γ_2 的函数。Corwin 和 Schultz(2012)注意到 $k_2\approx k_1^2$，建议可以忽略两者之间的差异，从而得到 s 和 σ 的显式解

$$s = \frac{\sqrt{2\gamma_1} - \sqrt{\gamma_2}}{\sqrt{2} - 1}, \quad \sigma = \frac{\sqrt{\gamma_2} - \sqrt{\gamma_1}}{(\sqrt{2} - 1)k_1} \tag{1-19}$$

那么,用观测价格极差的样本矩来取代上式中的总体的矩 γ_1 及 γ_2,即可得到相应的买卖价差与波动率的估计

$$\hat{s}_{hl} = \frac{\sqrt{2\hat{\gamma}_1} - \sqrt{\hat{\gamma}_2}}{\sqrt{2} - 1}, \quad \hat{\sigma}_{hl} = \frac{\sqrt{\hat{\gamma}_2} - \sqrt{\hat{\gamma}_1}}{(\sqrt{2} - 1)k_1} \tag{1-20}$$

其中,

$$\begin{aligned} \hat{\gamma}_1 &= \frac{1}{n}\sum_{t=1}^{n} R_t^{o2} = \frac{1}{n}\sum_{t=1}^{n}\left[\ln\frac{H_t^o}{L_t^o}\right]^2, \\ \hat{\gamma}_2 &= \frac{1}{n-1}\sum_{t=1}^{n-1} R_{t,t+1}^{o2} = \frac{1}{n-1}\sum_{t=1}^{n-1}\left[\ln\frac{H_{t,t+1}^o}{L_{t,t+1}^o}\right]^2 \end{aligned} \tag{1-21}$$

五、LOT 估计

Lesmond 等(1999)提出一种新的估计有效价差的方法,他们假设在非零收益率的交易日里知情交易发生以及在零收益率的交易日里知情交易未发生,基于此,提出 LOT、Zeros 等估计,基本模型为

$$R_{jt}^* = \beta_j R_{mt} + \varepsilon_{jt} \tag{1-22}$$

其中,R_{jt}^* 是股票 j 在第 t 天的真实收益率,R_{mt} 为第 t 天的市场收益率,β_j 是股票 j 对 R_{mt} 的敏感度,ε_{jt} 是第 t 天的公共信息冲击。假设 $\varepsilon_{jt} \sim N(0,\sigma_j^2)$,令 $\alpha_{1j} \leqslant 0$ 为卖出股票 j 的相对交易费用,$\alpha_{1j} \geqslant 0$ 为买入股票 j 的相对交易费用,R_{jt} 是股票 j 第 t 天的观测收益率,则股票 j 的观测收益率 R_{jt} 满足

$$\begin{aligned} R_{jt} &= R_{jt}^* - \alpha_{1j}, R_{jt}^* < \alpha_{1j} \\ R_{jt} &= R_{jt}^*, \alpha_{1j} < R_{jt}^* < \alpha_{2j} \\ R_{jt} &= R_{jt}^* - \alpha_{2j}, R_{jt}^* > \alpha_{2j} \end{aligned} \tag{1-23}$$

因此得到的有效价差估计为

$$\mathrm{LOT} = \alpha_{2j} - \alpha_{1j} \tag{1-24}$$

通过极大似然法估计出模型的参数,极大似然函数如式(1-25)所示:

$$
\begin{aligned}
&L(\alpha_{1j},\alpha_{2j},\beta_j,\sigma_j \mid R_{jt},R_{mt}) \\
&= \prod_1 \frac{1}{\sigma_j}\varphi\left[\frac{R_{jt}+\alpha_{1j}-\beta_j R_{mt}}{\sigma_j}\right]\times \prod_0 \left[\phi\left(\frac{\alpha_{2j}-\beta_j R_{mt}}{\sigma_j}\right)-\phi\left(\frac{\alpha_{1j}-\beta_j R_{mt}}{\sigma_j}\right)\right] \\
&\quad \times \prod_2 \frac{1}{\sigma_j}\varphi\left[\frac{R_{jt}+\alpha_{2j}-\beta_j R_{mt}}{\sigma_j}\right]
\end{aligned} \tag{1-25}
$$

s. t. $\alpha_{1j}\leqslant 0,\alpha_{2j}\geqslant 0,\beta_j\geqslant 0,\sigma_j>0$,其中 $\varphi(\cdots)$ 和 $\phi(\cdots)$ 分别为标准正态分布的密度概率和分布函数。

关于 LOT 估计一个重要的问题是 3 个区域的划分,Lesmond 等(1999)根据 R_{jt}、R_{mt} 的范围划分:区域 0,$R_{jt}=0$;区域 1,$R_{jt}\neq 0,R_{mt}<0$;区域 2,$R_{jt}\neq 0,R_{mt}>0$。Goyenko 等(2009)提出了一种新的划分方法:区域 0,$R_{jt}=0$;区域 1,$R_{jt}<0$;区域 2,$R_{jt}>0$。

六、FHT 估计

Fong 等(2017)在 LOT 模型的基础上,通过对收益率和交易成本进行以下两方面的假设,得到了一种新的交易成本的估计,即 FHT 估计:①真实收益率 R_{jt}^* 服从均值为 0,方差为 σ_j^2 的正态分布;②交易成本 s_j 是对称的。根据这两方面假设,可以将 LOT 模型变形为 FHT 模型:

$$
R_{jt}=\begin{cases} R_{jt}^*+s_j/2, & \text{如果 } R_{jt}^*<-s_j/2 \\ 0, & \text{如果 } -s_j/2\leqslant R_{jt}^*\leqslant s_j/2 \\ R_{jt}^*-s_j/2, & \text{如果 } R_{jt}^*>s_j/2 \end{cases} \tag{1-26}
$$

其中,R_{jt} 是第 t 天的观测收益率,根据 R_{jt}^* 的正态性假设,计算零收益率发生的概率。同时,由于 Zeros 度量给出了实际中观测到的零收益率发生的频率,基于矩估计的想法可得

$$
\Phi\left(\frac{s_j}{2\sigma_j}\right)-\Phi\left(-\frac{s_j}{2\sigma_j}\right)=\text{Zeros} \tag{1-27}
$$

即

$$
FHT=2\sigma_j\Phi^{-1}\left(\frac{1+\text{Zeros}}{2}\right) \tag{1-28}
$$

七、低频价差估计的比较

针对上述的各种基于低频交易数据的有效价差估计，Hasbrouck（2004，2009）计算了多种基于低频数据构造的价差估计与基准买卖价差指标间的相关系数，得到基于 Gibbs 抽样的贝叶斯估计优于其余估计方法的结论；Goyenko 等（2009）比较包括上述大部分估计方法在内的低频流动性指标与高频基准指标间的相关性强弱和估计误差大小，给出一些适合美国市场的低频流动性指标；类似地，Holden（2009）也采用相关性和估计误差的评价标准比较上述几种低频价差估计方法的流动性度量效果；Corwin 和 Schultz（2012）比较 High-Low 估计、Roll 估计等四种价差估计方法与高频基准价差之间的相关性大小，发现 High-Low 估计的表现优于 Roll 等其他估计。Marshall 等（2012）、Karnaukh 等（2015）以及 Schestag 等（2016）分别对美国的商品期货市场、外汇市场以及债券市场也进行了类似的研究。

目前对于中国金融市场流动性度量效果的比较研究还比较少，而且主要集中在股票市场，例如 Ahn 等（2012）比较了包括中国市场在内的全球 21 个新兴市场的低频价差估计等流动性指标的度量效果；张峥等（2014）根据 1999 年到 2009 年的中国股票市场的数据，比较了不同低频流动性指标的度量效果。

此外，在已有的研究中，比较不同有效价差低频指标度量效果大多是通过比较低频流动性指标与高频基准指标之间的相关系数，相关系数越高说明低频流动性指标的度量效果越好，较少有学者从低频流动性指标的估计精度的角度比较其度量效果。常用的低频流动性指标，如 Roll 的协方差估计、Hasbrouck 的 Gibbs Roll 估计、High-Low 估计和 FHT 估计等，除了可以通过它们的大小变化得到流动性强弱变化的规律，还可以准确得到当前的交易成本或者买卖价差的具体数值。由于市场微观结构关于流动性的研究中，通常不仅需要得到流动性强弱的动态变化规律，还需要了解交易成本或者买卖价差的具体数值，因此获得一些衡量具体交易成本或价差结果的指标就显得尤为重要。

第二章 两种有效价差估计的渐近性质

第一节　引　　言

通过前面的参考文献回顾中可以看出，有效价差的低频估计方法种类很多，如何比较不同估计方法的流动性度量效果是一个值得研究的问题。为了比较各种低频价差估计方法对流动性的度量效果，将基于高频交易数据计算的价差作为基准，并且比较基准价差与各种低频估计间的相关性强弱是不少学者通常采用的评价方法。例如，Hasbrouck(2004,2009)计算了多种基于低频数据构造的价差估计与基准买卖价差指标间的相关系数，得到基于 Gibbs 抽样的贝叶斯估计优于其余估计方法的结论；Holden(2009)也采用相关性和估计误差的评价标准比较了几种低频价差估计方法的流动性度量效果；Corwin 和 Schultz(2012)比较了 High-Low 估计、Roll 估计等四种价差估计方法与高频基准价差之间的相关性大小，发现 High-Low 估计的表现优于 Roll 等其他估计。

然而，正如本书前面研究背景所提到的，容易看出这种通过计算相关系数来比较不同低频价差估计的方法存在两个方面的缺陷。首先，因为该方法一定是从实证的角度出发，所以会过分依赖于某个具体的金融资产或者市场高频或低频的交易数据。然而如果变换为其他资产或市场的交易数据，这种相关性的次序或差距就有可能不再成立。其次，如果考察不同方式定义的流动性度量方法，比较其与基准度量指标间的相关性强弱是能够理解的，但是如果比较基于同一模型中同一参数的不同估计方法，比如基于 Roll 价格模型的得到 Roll 协方差估计和 High-Low 估计均是对同一有效价差参数的估计，那么如果从计量和统计的逻辑思维出发，通过分析不同估计量的偏差和均方误差等估计精度和统计性质来比较不同估计方法的优劣，显然是更合理的做法。

因此，本章将以低频价差估计方法的统计性质作为出发点，计算并比较不同价差估计方法的估计误差（偏差、均方误差等），并给出估计的相合性、渐近正态性等渐近性质，从而直接从理论上给出针对不同价差估计方法的统计评价。因为 Roll 协方差估计与 Corwin 和 Schultz(2012)提出的 High-Low 估计都是使用较多、计算简便且易得的低频价差估计方法，所以本章主要基于 Roll 协方差估计和 High-Low 估计进行统计特征的研究，并针对这两种估计给出其理论性质及模拟和实证分析的比较结果。由于 Harris(1990)曾对 Roll 的协方差估计进行过一些统计性质的研究，本章的研究也可看作对 Harris 工作的拓展。

本章的结构如下：第二节给出了 Roll 估计和 High-Low 估计的理论性质，第三节通过随机模拟对这两种估计的度量效果进行比较，第四节基于 Bootstrap 区间分析对两种估计的流动性度量效果进行实证研究，最后的结论在第五节。

第二节　理论性质

Corwin 和 Schultz(2012)通过随机模拟及实例分析指出，High-Low 估计与高频基准价差间的相关性要强于 Roll 估计相对应的结果。Hasbrouck(2004，2009)、Holden(2009)等也采用类似的方法比较过不同有效价差估计方法的好坏。但是，正如本章前一小节所提到的，尽管在实际中比较估计值与基准值之间的相关性可能会具有一定的启发性，但是却无法准确衡量估计的精确度。实际上，相关性很强的变量之间的差距可能很大，所以只比较相关性的方法并不符合统计推断的逻辑。因此，本小节将直接研究 Roll 及 High-Low 估计的统计性质，从理论上计算和推导上述两种估计的偏差和均方误差，进而直接比较两种估计方法的优劣。本小节在式(1-1)及式(1-14)的基础上研究两种有效价差估计 $\hat{s}_{roll}$ 和 $\hat{s}_{hl}$ 的统计性质，具体包括计算其偏差和均方误差的大小、推导其相合性和渐近分布等。主要的结果如以下的几个引理和定理所示，证明的具体细节参见附录 A。

一、Roll 估计的渐近性质

引理 2.1 在 Roll 模型的假设下：

$$c = \mathrm{Cov}(\Delta p_t^o, \Delta p_{t-1}^o), \hat{c} = \frac{1}{n}\sum_{t=2}^{n}(\Delta p_t^o - \overline{\Delta p^o})(\Delta p_{t-1}^o - \overline{\Delta p^o}),则$$

(1) $bias(\hat{c}) = E\hat{c} - c = -\frac{1}{n}(3c+\sigma^2) + o\left(\frac{1}{n}\right)$

$$\mathrm{Var}(\hat{c}) = \frac{1}{n}[(\eta+4)c^2 + \sigma^4 - 4c\sigma^2] + o\left(\frac{1}{n}\right)$$

(2) $p\lim\limits_{n\to\infty}\hat{c} = c, \sqrt{n}(\hat{c}-c) \xrightarrow{d} N(0, (\eta+4)c^2 + \sigma^4 - 4c\sigma^2)$

其中存在均值为 0，方差为 σ_e^2 的不相关序列 $\{e_t\}$，使得 $\Delta p_t^o = e_t + \theta e_{t-1}$，且 $\eta = Ee_t^4/\sigma_e^4$。

根据引理 2.1，同时由式(1-3) 和式(1-4) 可得 $c = -s^2/4$ 以及 $\hat{s}_{roll} = 2\sqrt{-\hat{c}}$，因此可推知 Roll 估计的性质如定理 2.1 所示。

定理 2.1 在 Roll 模型的假设下：

(1) $E(\hat{s}_{roll}) < s$ 且

$$bias(\hat{s}_{roll}) = -\frac{1}{n}\left[\left(1+\frac{\eta}{8}\right)s + \frac{2\sigma^4}{s^3}\right] + o\left(\frac{1}{n}\right)$$

$$\mathrm{Var}(\hat{s}_{roll}) = \frac{1}{n}\left[\left(\frac{\eta}{4}+1\right)s^2 + 4\sigma^2 + \frac{4\sigma^4}{s^2}\right] + o\left(\frac{1}{n}\right)$$

(2) $p\lim\limits_{n\to\infty}\hat{s}_{roll} = s, \sqrt{n}(\hat{s}_{roll} - s) \xrightarrow{d} N(0, \sigma^2(\hat{s}_{roll}))$

其中 $\sigma^2(\hat{s}_{roll}) = \left(\frac{\eta}{4}+1\right)s^2 + 4\sigma^2 + \frac{4\sigma^4}{s^2}$。

定理 2.1 对 Harris(1990)当中的有关结果进行了拓展。

二、High-Low 估计的渐近性质

引理 2.2 在基于式(1-1)以及条件式(1-14)的假设下：

$$\hat{\gamma}_1 = \frac{1}{n}\sum_{t=1}^{n}\left[\ln\frac{H_t}{L_t} + s\right]^2, \quad \hat{\gamma}_2 = \frac{1}{n-1}\sum_{t=1}^{n-1}\left[\ln\frac{H_{t,t+1}}{L_{t,t+1}} + s\right]^2$$

由此可推知 $\hat{\gamma}_1$ 和 $\hat{\gamma}_2$ 的性质如下：

(1) $\mathrm{Var}(\hat{\gamma}_1) = \frac{1}{n}[(k_4 - k_2^2)\sigma^4 + 4(k_3 - k_1k_2)s\sigma^3 + 4(k_2 - k_1^2)s^2\sigma^2]$

$$\mathrm{Var}(\hat{\gamma}_2) = \frac{1}{n-1}\{4(1+2\rho_{22})(k_4 - k_2^2)\sigma^4 + 8\sqrt{2}[k_3 - k_1k_2 + (\rho_{12}+\rho_{21})\sqrt{k_4 - k_2^2}\sqrt{k_2 - k_1^2}]s\sigma^3 + 8(1+2\rho_{11})(k_2 - k_1^2)s^2\sigma^2\}$$

$$\mathrm{Cov}(\hat{\gamma}_1, \hat{\gamma}_2) = \frac{1}{n}[4\delta_{22}(k_4 - k_2^2)\sigma^4 + 4\sqrt{2}(\delta_{21} + \sqrt{2}\delta_{12})\sqrt{k_4 - k_2^2}\sqrt{k_2 - k_1^2}s\sigma^3 + 8\sqrt{2}\delta_{11}(k_2 - k_1^2)s^2\sigma^2]$$

(2) $\sqrt{n}\begin{pmatrix}\hat{\gamma}_1 - \gamma_2 \\ \hat{\gamma}_2 - \gamma_2\end{pmatrix} \xrightarrow{d} N(0, \Sigma)$

其中，$\Sigma = \begin{pmatrix}\sigma_{11} & \sigma_{12} \\ \sigma_{21} & \sigma_{22}\end{pmatrix}$，且 $\sigma_{11} = (k_4 - k_2^2)\sigma^4 + 4(k_3 - k_1k_2)s\sigma^3 + 4(k_2 - k_1^2)s^2\sigma^2$

$$\sigma_{12} = \sigma_{21} = 4\delta_{22}(k_4 - k_2^2)\sigma^4 + 4\sqrt{2}(\delta_{21} + \sqrt{2}\delta_{12})\sqrt{k_4 - k_2^2}\sqrt{k_2 - k_1^2}s\sigma^3 + 8\sqrt{2}\delta_{11}(k_2 - k_1^2)s^2\sigma^2$$

$$\sigma_{22} = 4(1+2\rho_{22})(k_4 - k_2^2)\sigma^4 + 8\sqrt{2}[k_3 - k_1k_2 + (\rho_{12}+\rho_{21})\sqrt{k_4 - k_2^2}\sqrt{k_2 - k_1^2}]s\sigma^3 + 8(1+2\rho_{11})(k_2 - k_1^2)s^2\sigma^2$$

上述表达式中的 k_1, k_2, k_3, k_4 以及 ρ_{ij}, δ_{ij} $(i, j = 1, 2)$ 均为常数，其中 k_1, k_2 如前所述，$k_3 = (2\pi)^{3/2}/3 \approx 5.249\ 9$，$k_4 = 9\zeta(3) \approx 10.818\ 5$，$\zeta(x)$ 为 zeta 函数，具体的细节可参见 Feller (1951)和 Parkinson(1980)。ρ_{ij}，δ_{ij} 分别定义为 $\rho_{ij} = Corr(R_{t,t+1}^i, R_{t+1,t+2}^j)$，$\delta_{ij} = Corr(R_t^i, R_{t,t+1}^j)$，$i, j = 1, 2$。因为 ρ_{ij} 和 δ_{ij} 两式中均不存在未知参数，因此我们可以通过数值随机模拟得到参数 ρ 和 δ 任意精度的估计值。例如，我们通过模拟每天 10 000 个价格观测值，根据 50 000 天的数据可以得到的计算结果为 $\rho_{11} = 0.339\ 5$，$\rho_{12} = \rho_{21} = 0.332\ 3$，$\rho_{22} = 0.330\ 4$，$\delta_{11} = 0.580\ 1$，$\delta_{12} = 0.560\ 2$，$\delta_{21} = 0.583\ 0$，$\delta_{22} = 0.576\ 7$。

由引理 2.2 我们可以推导出有效价差的 High-Low 估计$\hat{s}_{hl}$的统计性质，如定理 2.2 所示。

定理 2.2 在式(1-1)以及式(1-14)的假设下，成立

(1) $E(\hat{s}_{hl}) > s$，且

$$bias(\hat{s}_{hl}) = \frac{2+\sqrt{2}}{8n}\left\{-\frac{\sigma_{11}}{(k_2\sigma^2+2k_1s\sigma+s^2)^{3/2}}+\frac{\sigma_{22}}{\sqrt{2}\,(2k_2\sigma^2+2\sqrt{2}k_1s\sigma+s^2)^{3/2}}\right\}+o\left(\frac{1}{n}\right)$$

$$\mathrm{Var}(\hat{s}_{hl}) = \frac{3+2\sqrt{2}}{4n}\left\{\frac{2\sigma_{11}}{k_2\sigma^2+2k_1s\sigma+s^2}+\frac{\sigma_{22}}{2k_2\sigma^2+2\sqrt{2}k_1s\sigma+s^2}-\frac{2\sqrt{2}\sigma_{12}}{(k_2\sigma^2+2k_1s\sigma+s^2)^{1/2}\,(2k_2\sigma^2+2\sqrt{2}k_1s\sigma+s^2)^{1/2}}\right\}+o\left(\frac{1}{n}\right)$$

(2) $p\lim\limits_{n\to\infty}\hat{s}_{hl} = s, \sqrt{n}(\hat{s}_{hl}-s)\xrightarrow{d}N(0,\sigma^2(\hat{s}_{hl}))$

其中，

$$\sigma^2(\hat{s}_{hl}) = \frac{3+2\sqrt{2}}{4}\left\{\frac{2\sigma_{11}}{k_2\sigma^2+2k_1s\sigma+s^2}+\frac{\sigma_{22}}{2k_2\sigma^2+2\sqrt{2}k_1s\sigma+s^2}-\frac{2\sqrt{2}\sigma_{12}}{(k_2\sigma^2+2k_1s\sigma+s^2)^{1/2}\,(2k_2\sigma^2+2\sqrt{2}k_1s\sigma+s^2)^{1/2}}\right\}$$

三、两种估计的比较

综合定理 2.1 和定理 2.2 中的结论，我们可以比较容易地得到以下推论。

推论 2.1 当 $n\to\infty$时，

(1) $|bias(\hat{s}_{roll})|>|bias(\hat{s}_{hl})|, \dfrac{|bias(\hat{s}_{roll})|}{|bias(\hat{s}_{hl})|}>\dfrac{16\sqrt[4]{6}(1+\eta/8)^{3/4}k_2^{3/2}}{3(2+\sqrt{2})\rho_{22}(k_4-k_2^2)}>11$

(2) $RMSE(\hat{s}_{roll})>RMSE(\hat{s}_{hl}), \dfrac{RMSE(\hat{s}_{roll})}{RMSE(\hat{s}_{hl})}>\left(\dfrac{[(\eta+4)^{1/2}+2]k_2}{(2+2\rho_{22}-4\delta_{22})(k_4-k_2^2)}\right)^{1/2}>2.45$

无论是从估计的偏差还是从均方误差来讲，Roll 的估计精度均比 High-Low 的估计精度差。

第三节　模拟研究

一、Roll 估计与 High-Low 估计的预测误差比较

本章中采取与 Corwin 和 Schultz(2012)相似的模拟过程设置。具体来讲，股票的真实价格生成过程如下：设定股票的初始价格为 100 美元，每天的交易时间设为 5.5 个小时(19 800 秒)，股票每秒真实价格 P_m 由 $P_m = P_{m-1}\exp(X_m \cdot \sigma/\sqrt{19\,800})$，$m=1,\cdots,19\,800$ 得到，其中 X_m 是独立同分布的标准正态分布序列，σ^2 是一天的波动率。相应的股票观测价格由 $P_m^o = P_m\exp[(s/2)\cdot Q_m]$给出，其中 Q_m是取+1 和−1 等概率的独立同分布的 Bernoulli 序列。因此基于每个交易日的股票的每秒钟观测价格可以得到该日观测的收盘价，而该日的最高价和最低价则由 P_m，$m=1,\cdots,19\,800$ 的最大值和最小值分别给出。

首先本章考察理想状态的情形。理想状态是假定每天的交易是连续不间断进行的。也就是说，一个交易日真实的收盘价格将作为下一个交易日真实的开盘价格，由此可以依次产生连续 n 个交易日的价格数据，这里 n 分别取 10、20、50、100 及 250 等，而有效价差与波动率的比值 s/σ 则分别设定为 0.05、0.1、0.5、1 以及 2.5 等不同情况。原则上，有效价差的估计分别基于式(1-4)和式(1-20)给出。然而，在实际的具体样本数据下，由于观测价格差分序列的样本自协方差函数可能会为正数，此时基于式(1-4)给出的估计为负数，根据以往文献常用的处理方式，这里此时将 Roll 估计值记为 0；同样地，如果基于式(1-20)得到的估计值为负数，则也将此次 High-Low 估计记为 0。因此按照这样的处理，数值模拟时采用的估计和前面理论研究的估计会稍有不同。本书计算了价差估计值与参数真实值间的均方误差($RMSE$)和平均绝对误差(MAE)来比较估计的精度，分别定义为

$$RMSE = \left[\frac{1}{N}\sum_{i=1}^{N}(\hat{s}_i - s)^2\right]^{1/2},\quad MAE = \frac{1}{N}\sum_{i=1}^{N}|\hat{s}_i - s|,\qquad (2\text{-}1)$$

其中，N 表示模拟的次数。本书除非特别说明，模拟次数 N 均设定为 10 000 次。

本书首先检验接近理想条件下，即不存在隔夜波动率，价格每分钟均可以观测到的时候 Roll 及 High-Low 估计(分别记为 Roll、HL)的均方误差(*RMSE*)及平均绝对误差(*MAE*)，s 分别取为 0.001、0.005、0.01、0.03、0.05 及 0.08，两种估计的 *RMSE* 及 *MAE* 的结果如表 2-1 所示。

表 2-1 接近理想条件下两种估计的误差比较

		Panel A $s=0.001$									
		$n=10$		$n=20$		$n=50$		$n=100$		$n=250$	
s/σ		*RMSE*	*MAE*	*RMSE*	*MAE*	*RMSE*	*MAE*	*RMSE*	*MAE*	*RMSE*	*MAE*
0.05	Roll	16.12	12.01	12.89	9.423	9.764	7.078	7.792	5.623	6.023	4.402
	HL	8.779	6.902	6.376	5.041	4.786	3.896	4.131	3.522	3.689	3.379
0.1	Roll	7.803	5.942	6.154	4.661	4.630	3.535	3.725	2.864	2.800	2.219
	HL	4.482	3.501	3.254	2.557	2.421	1.975	2.126	1.819	1.912	1.761
0.5	Roll	1.357	1.133	1.080	0.938	0.843	0.737	0.721	0.619	0.573	0.465
	HL	0.853	0.668	0.614	0.486	0.443	0.359	0.385	0.326	0.341	0.309
1	Roll	0.758	0.632	0.624	0.511	0.466	0.362	0.343	0.259	0.209	0.159
	HL	0.404	0.315	0.281	0.221	0.191	0.151	0.153	0.125	0.127	0.109
2.5	Roll	0.503	0.402	0.364	0.280	0.214	0.167	0.145	0.115	0.090	0.072
	HL	0.157	0.124	0.105	0.084	0.066	0.052	0.047	0.037	0.030	0.024
		Panel B $s=0.005$									
0.05	Roll	80.90	60.36	64.22	46.94	48.91	35.47	39.31	28.36	29.93	21.77
	HL	43.81	34.14	31.61	25.01	23.91	19.46	20.76	17.71	18.52	16.94
0.1	Roll	39.10	29.83	30.76	23.10	22.89	17.44	18.32	14.11	14.16	11.20
	HL	21.89	17.13	16.19	12.83	12.15	9.912	10.60	9.074	9.592	8.829
0.5	Roll	6.715	5.623	5.391	4.686	4.246	3.715	3.589	3.082	2.846	2.316
	HL	4.231	3.307	3.047	2.400	2.243	1.813	1.916	1.621	1.699	1.541
1	Roll	3.812	3.183	3.104	2.550	2.337	1.822	1.747	1.316	1.039	0.797
	HL	2.008	1.581	1.393	1.098	0.962	0.769	0.767	0.623	0.641	0.551
2.5	Roll	2.552	2.029	1.792	1.376	1.045	0.813	0.713	0.563	0.448	0.358
	HL	0.795	0.627	0.524	0.416	0.325	0.257	0.231	0.184	0.149	0.119

续表

Panel C　$s=0.01$											
		$n=10$		$n=20$		$n=50$		$n=100$		$n=250$	
s/σ		*RMSE*	*MAE*	*RMSE*	*MAE*	*RMSE*	*MAE*	*RMSE*	*MAE*	*RMSE*	*MAE*
0.05	Roll	159.2	118.1	129.7	95.18	96.10	69.27	79.26	57.42	59.80	43.52
	HL	86.91	68.39	64.23	50.48	48.01	39.15	41.19	34.97	37.18	34.04
0.1	Roll	77.52	58.60	61.70	46.73	45.84	34.89	36.60	28.14	27.81	21.90
	HL	44.30	34.78	32.34	25.53	24.03	19.56	21.29	18.26	19.07	17.56
0.5	Roll	13.58	11.35	10.93	9.501	8.457	7.406	7.192	6.174	5.682	4.608
	HL	8.517	6.655	6.116	4.808	4.484	3.635	3.852	3.258	3.424	3.114
1	Roll	7.547	6.239	6.240	5.134	4.697	3.666	3.394	2.565	2.115	1.625
	HL	3.969	3.111	2.801	2.208	1.932	1.549	1.536	1.253	1.266	1.090
2.5	Roll	5.101	4.080	3.617	2.773	2.125	1.665	1.449	1.152	0.907	0.720
	HL	1.568	1.238	1.056	0.840	0.651	0.519	0.462	0.368	0.302	0.240
Panel D　$s=0.03$											
0.05	Roll	461.4	349.7	373.1	276.1	286.7	209.1	231.0	167.3	176.7	129.1
	HL	259.1	204.0	189.5	149.8	142.8	116.4	124.0	105.5	110.7	101.3
0.1	Roll	227.2	171.8	183.4	139.0	136.1	103.2	111.1	85.74	83.52	66.15
	HL	132.2	103.7	96.46	76.20	73.03	59.64	63.71	54.45	57.28	52.72
0.5	Roll	40.53	33.93	32.43	28.17	25.46	22.25	21.51	18.43	16.86	13.69
	HL	25.78	20.13	18.33	14.45	13.45	10.87	11.64	9.837	10.16	9.207
1	Roll	22.76	18.86	18.85	15.51	14.13	11.02	10.29	7.804	6.418	4.874
	HL	12.05	9.406	8.503	6.652	5.677	4.533	4.584	3.731	3.810	3.280
2.5	Roll	15.20	12.06	10.69	8.282	6.346	4.945	4.348	3.443	2.707	2.157
	HL	4.745	3.739	3.177	2.522	1.928	1.534	1.392	1.106	0.900	0.717
Panel E　$s=0.05$											
0.05	Roll	701.9	539.2	576.6	429.5	451.3	329.2	375.2	274.8	292.6	214.4
	HL	417.2	331.5	316.8	253.1	239.0	195.3	205.1	174.3	185.4	169.8

续表

Panel E	s=0.05										
		n=10		n=20		n=50		n=100		n=250	
s/σ		RMSE	MAE	RMSE	MAE	RMSE	MAE	RMSE	MAE	RMSE	MAE
0.1	Roll	374.3	288.9	300.1	228.4	223.7	170.1	184.0	142.5	140.0	111.1
	HL	216.2	169.5	161.4	127.2	121.8	99.71	105.0	89.77	94.94	87.45
0.5	Roll	67.20	56.24	54.42	47.18	42.29	36.96	36.00	30.92	28.48	23.09
	HL	42.05	32.95	30.55	24.14	22.35	18.09	19.04	16.07	16.99	15.43
1	Roll	37.82	31.58	31.12	25.48	23.40	18.27	17.41	13.15	10.54	8.058
	HL	20.14	15.81	14.11	11.11	9.500	7.591	7.769	6.311	6.358	5.466
2.5	Roll	25.42	20.27	18.04	14.02	10.65	8.292	7.296	5.785	4.494	3.572
	HL	7.902	6.211	5.288	4.191	3.257	2.585	2.315	1.841	1.493	1.186
Panel F	s=0.08										
0.05	Roll	950.0	743.5	830.5	636.1	666.2	495.8	567.3	421.3	452.2	338.0
	HL	636.2	513.6	490.7	392.8	375.5	308.1	327.7	279.3	294.5	269.7
0.1	Roll	558.4	435.1	455.9	348.5	352.0	270.4	287.3	222.6	220.6	175.6
	HL	343.4	271.2	256.4	202.2	192.7	157.0	168.5	144.3	153.2	141.1
0.5	Roll	108.7	91.03	85.87	74.23	67.96	59.55	57.03	48.80	46.15	37.62
	HL	67.56	52.84	48.93	38.50	36.32	29.37	30.66	25.85	27.05	24.52
1	Roll	60.45	50.39	49.85	40.93	37.65	29.37	27.40	20.77	16.58	12.73
	HL	32.10	25.03	22.44	17.62	15.33	12.22	12.32	10.10	10.13	8.738
2.5	Roll	40.99	32.71	28.64	22.01	16.95	13.24	11.55	9.128	7.153	5.701
	HL	12.45	9.890	8.492	6.736	5.255	4.162	3.705	2.947	2.397	1.910

注：表 2-1 及以下各表中 *RMSE* 及 *MAE* 均以 10^{-3} 计。

通过分析表 2-1 结果可知，无论 n 和 s 取值大小，High-Low 估计的 *RMSE* 及 *MAE* 总是小于 Roll 估计，特别是 n 比较小的时候，High-Low 估计的优势更加明显，这说明 High-Low 估计更加适合用于估计周度或者月度价差等。显然，随着 n 的增加，估计的误差逐渐变小，并且通过分析比较 Panel $A \sim F$ 的结果可以发现，当固定 s 不变时，随着 s/σ 的增加，即 σ 不断变小，Roll 及 High-Low 估

计的 *RMSE* 及 *MAE* 均不断变小；当固定 σ 不变时，随着 s/σ 的增加，两种估计的误差先递减再递增；当固定 s/σ 不变时，两种估计的 *RMSE* 及 *MAE* 与 s 的大小几乎成正比。

Corwin 和 Schultz(2012)指出，在实际的市场中交易不是连续不间断进行的，在连续的两个交易日当中，第二天的开盘价和前面一天的收盘价可能存在差异，也就是存在所谓的隔夜收益率(Overnight Return)。另外，某些股票存在交易不频繁的情况，这也会影响对其最高价最低价等信息的观测，进而影响有效价差估计的性质。因此，本书基于 Corwin 和 Schultz(2012)文中的设置进一步考察非理想状态下，即存在隔夜收益率和不频繁交易的情形下两种估计的性质。表 2-2 给出部分的计算结果。

表 2-2　非理想条件下两种估计的误差比较

		$n=10$		$n=20$		$n=50$		$n=100$		$n=250$	
s/σ		*RMSE*	*MAE*	*RMSE*	*MAE*	*RMSE*	*MAE*	*RMSE*	*MAE*	*RMSE*	*MAE*
Panel A 考虑隔夜收益率，$s=0.005$											
0.05	Roll	80.58	60.12	64.82	47.69	49.00	35.66	39.43	28.59	30.12	22.02
	HL	44.21	34.38	32.09	25.24	23.87	19.48	20.72	17.61	18.56	16.99
0.1	Roll	38.99	29.63	30.26	22.81	23.07	17.55	18.53	14.30	14.03	11.12
	HL	22.04	17.28	16.36	12.93	12.19	9.958	10.59	9.077	9.574	8.830
0.5	Roll	6.786	5.696	5.498	4.770	4.257	3.729	3.574	3.057	2.810	2.276
	HL	4.198	3.297	3.078	2.417	2.244	1.816	1.923	1.625	1.688	1.528
1	Roll	3.747	3.117	3.119	2.559	2.350	1.838	1.725	1.308	1.038	0.790
	HL	1.969	1.549	1.398	1.100	0.965	0.771	0.767	0.623	0.629	0.541
2.5	Roll	2.522	2.011	1.788	1.381	1.054	0.827	0.720	0.573	0.451	0.359
	HL	0.795	0.630	0.532	0.423	0.326	0.259	0.230	0.183	0.148	0.118
Panel B 考虑隔夜收益率且价格被观测到的概率为 10%，$s=0.01$											
0.05	Roll	161.2	120.7	128.8	94.65	97.40	70.92	78.27	56.22	59.45	43.34
	HL	91.99	71.83	67.08	53.24	52.58	43.70	47.51	41.55	43.44	40.73

续表

s/σ		n=10		n=20		n=50		n=100		n=250	
		RMSE	*MAE*	*RMSE*	*MAE*	*RMSE*	*MAE*	*RMSE*	*MAE*	*RMSE*	*MAE*
0.1	Roll	77.91	59.27	61.71	46.63	46.35	35.34	36.70	28.32	28.11	22.19
	HL	45.81	35.83	34.65	27.51	27.18	22.74	24.79	21.97	22.98	21.71
0.5	Roll	13.45	11.27	10.80	9.370	8.436	7.356	7.199	6.180	5.633	4.575
	HL	8.917	6.975	6.691	5.316	5.176	4.297	4.635	4.078	4.261	4.006
1	Roll	7.632	6.338	6.232	5.109	4.680	3.643	3.438	2.596	2.079	1.596
	HL	4.160	3.264	3.003	2.380	2.202	1.786	1.885	1.599	1.679	1.529
2.5	Roll	5.037	4.013	3.586	2.757	2.115	1.657	1.456	1.155	0.887	0.709
	HL	1.633	1.293	1.129	0.896	0.727	0.580	0.556	0.446	0.419	0.347
Panel C 考虑隔夜收益率且价格被观测到的概率为 10%，s=0.05											
0.05	Roll	698.7	536.6	583.9	436.8	454.9	334.0	375.3	273.7	294.4	216.6
	HL	481.8	386.4	403.9	333.7	349.8	311.3	336.1	304.7	322.5	313.8
0.1	Roll	370.6	284.9	297.6	226.1	225.2	172.2	183.4	141.6	139.6	110.9
	HL	261.6	208.5	217.4	180.5	191.7	172.7	181.9	171.6	176.9	172.8
0.5	Roll	67.04	56.05	54.20	46.98	43.00	37.66	35.94	30.92	28.43	23.10
	HL	55.57	44.39	47.60	40.45	42.87	39.36	41.11	39.35	39.99	39.27
1	Roll	38.01	31.67	31.25	25.66	22.93	17.91	17.37	13.09	10.50	8.050
	HL	26.77	21.21	22.20	18.67	19.59	17.79	18.64	17.74	18.14	17.78
2.5	Roll	25.01	19.93	17.88	13.84	10.59	8.291	7.279	5.781	4.474	3.562
	HL	10.75	8.634	8.563	7.142	7.095	6.332	6.607	6.187	6.316	6.145

由表 2-2 可以看出，即使在非理想状况下考虑隔夜收益率和非频繁交易等因素，在绝大多数情况下，尤其是在样本量 n 较小的时候，High-Low 估计仍显著优于 Roll 估计，并且两者的估计误差随 s 或 σ 的变化规律与接近理想状况下相似。与理想状态下明显不同的一点是，当能够观测到价格的概率为 50%甚至仅 10%的时候，在样本量较大时，可能出现 Roll 估计结果优于 High-Low 估计的情形。之所以出现这种情况，主要是因为在存在不频繁交易时，观测到的最低价往往会比实际的最低价高，而观测到的最高价则又通常比实际的最高价要低

一些，因此会影响前面提到的 High-Low 估计成立的假设条件。但是，显然这种状况对观测的收盘价的影响不太大，因而 Roll 估计对此显得更加稳健一些。

二、*RMSE* 随 s 及 σ 的变化规律

为了更直观地展示和比较两种有效价差估计的性质，接下来我们分别绘制 Roll 与 High-Low 估计的 *RMSE* 比值随着波动率 σ 和买卖价差 s 变化的图形。图 2-1 展示的是当 s 分别固定为 0.005、0.01、0.05 及 0.10 时，两种估计的 *RMSE* 比值随着 σ 变化的趋势。对应地，图 2-2 给出了当波动率 σ 分别固定取值为 0.005、0.01、0.05、0.10 的时候，两种估计的 *RMSE* 比值随着 s 变化的情形。图 2-1 和图 2-2 中估计的样本量大小均为 $n=21$，这相当于采用日度数据估计月度价差时的样本容量。模拟次数均设为 10 000。

图 2-1 揭示了不论是在理想的状态，还是在非理想状况下(考虑隔夜收益率及观测到的价格仅为 10%的情形)，Roll 和 High-Low 估计的 *RMSE* 的比值随

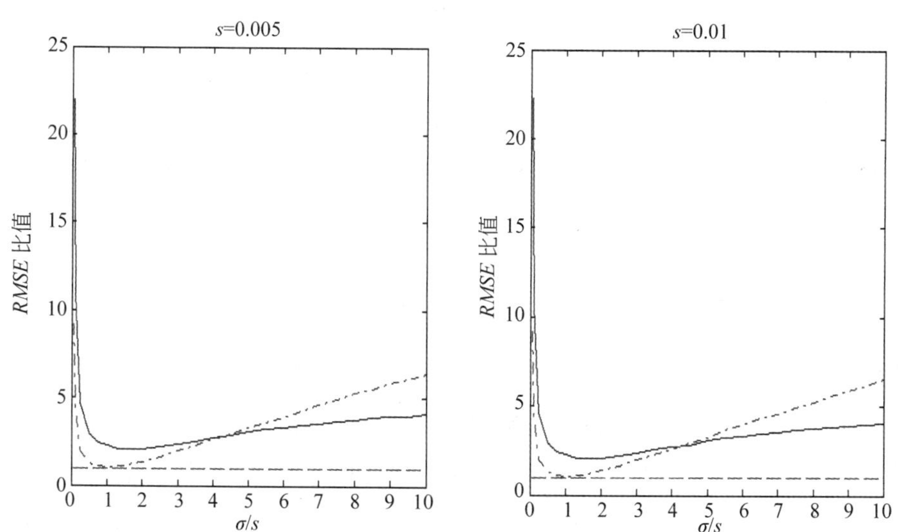

图 2-1　Roll 与 High-Low 估计的 *RMSE* 比值随波动率的变化。实线为理想状况下两种估计的 *RMSE* 比值，点划线为考虑隔夜收益率及价格观测到的概率为 10%的情形下两种估计的 *RMSE* 比值，虚线为比值恒为 1

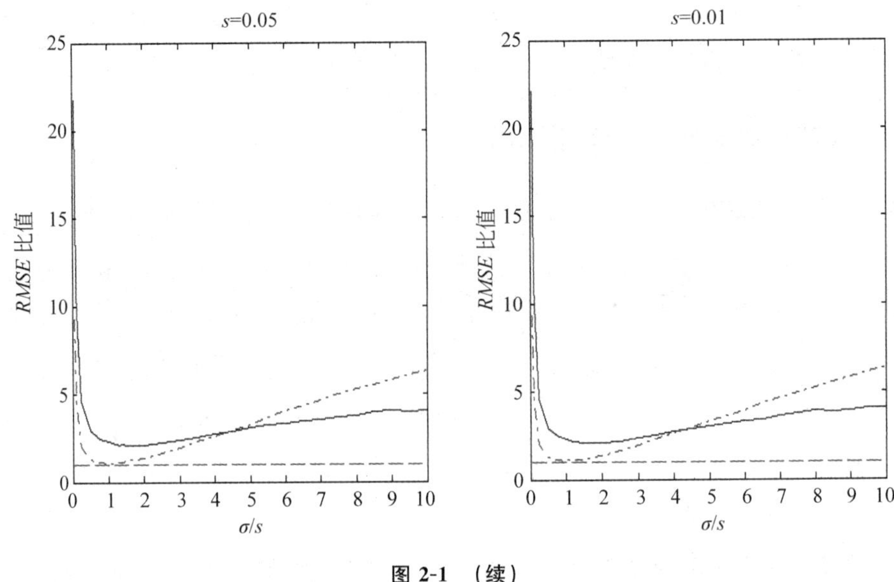

图 2-1 (续)

着波动率的增加均呈现出 U 形。当 σ 相对于 s 很小的时候，*RMSE* 比值非常大，也就是说此时 High-Low 估计的精度远超过 Roll 估计；而随着 σ 相对于 s 的继续增加，两种估计的差距迅速减少，并且两者差距会在达到某一最小值后，随着 σ 的持续增加，两种估计的 *RMSE* 比值将会再次变大，即 High-Low 估计的相对优势会被再次放大。

对于理想状态，即图中的实线，当波动率 σ 约等于 1.2 倍的价差 s 时，*RMSE* 比值达到最小值 2.2，这显示如果以均方误差来衡量，High-Low 估计此时的效率至少是 Roll 估计的 2.2 倍。考虑到有限样本的限制以及前面所提到的实际估计形式可能出现的变化，这样程度的差别是能够与推论 2.1(ii)式中给出的理论结果互相印证的。当考虑隔夜收益率及价格不频繁观测的情况，Roll 与 High-Low 估计的 *RMSE* 比值在 $\sigma \approx s$ 时可以达到其最小值 1.7。这意味着非理想的状况将会减弱 High-Low 估计的相对优势。

值得注意的是，在图 2-1 的四种设置下，当 σ 超过 4～5 倍 s 时，非理想状况下对应的比值反而大于理想情形下相应的比值，这意味着在非理想状态下，尤其是当 σ 相对较大的情况下，High-Low 估计应该是更为可取的估计方法。

图 2-2 揭示的规律是从另一角度对上述分析的印证。具体来说，当波动率 σ 固定的时候，显然两种估计的比值也随着 s 的变化展现出 U 形。而且，理想状态下在 $s\approx0.8\sigma$ 时，两者 $RMSE$ 比值达到其最小值约为 2.2；在非理想状态下，其最小值大约为 1.7，是在 $s\approx\sigma$ 的时候达到。明显地，这一结论与图 2-1 的情形是互相吻合的。

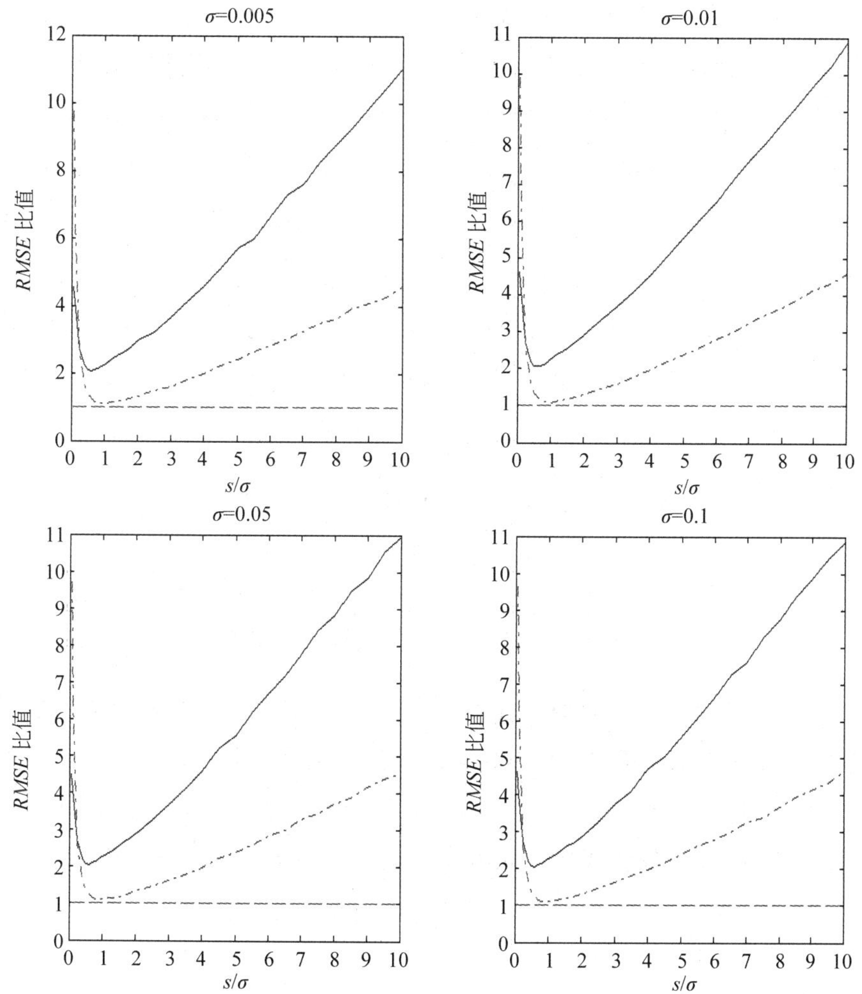

图 2-2　Roll 与 High-Low 估计的 *RMSE* 比值随买卖价差的变化。实线为理想状况下两种估计的 *RMSE* 比值，点划线为考虑隔夜收益率及价格观测到的概率为 10%的情形下两种估计的 *RMSE* 比值，虚线为比值恒为 1

第四节　有效价差的 Bootstrap 区间估计

在前两节中，讨论了两种买卖价差估计的理论性质，并且通过模拟研究验证了理论性质。为了更直观地进行比较，本书分别绘制出两种估计方法所给出的置信区间，我们采用基于 Bootstrap 方法的置信区间分析。Bootstrap 方法是非参数统计中一种重要的估计统计量方差，进而进行置信区间估计的统计方法。本小节采用 Bootstrap 方法的原因如下：一是其在有限样本下可以直接给出估计的渐近性质，有限样本下基于 Bootstrap 方法的区间估计效果很好；二是第二节中 Roll 估计的理论性质是基于 $s=2\sqrt{-\mathrm{Cov}(\Delta p_t^o,\Delta p_{t-1}^o)}$ 推导的，而实际中由于协方差可能取正值，此时需要将 Roll 估计记为 0，也就是说第二小节中给出的 Roll 估计的渐近方差与实际使用的 Roll 估计的渐近方差存在稍许偏差，因而直接采用第二节的理论结果进行区间分析的效果会比基于 Bootstrap 方法的置信区间分析差一些，且计算方面也存在一定的困难。

一、Bootstrap 区间估计

由于 $s=s(X)$，$X=(x_1,x_2,\cdots,x_n)$，x_t 取 Δp_t^o 或 R_t^o、$R_{t,t+1}^o$，如果要推导出价差的置信区间，需要利用两种估计的渐近正态性。正如定理 2.1 和 2.2 所示，当 $n\to\infty$ 时，$\sqrt{n}(\hat{s}-s)/std(\hat{s})\xrightarrow{d}N(0,1)$。样本量很大的时候这种近似可能是准确的，但是实际应用中由于样本大小是有限的，这种近似可能会带来比较大的偏差。然而，Bootstrap 区间估计可以克服这个问题，它能够提高有效价差置信区间估计的准确性和稳健性。在本节中，本书将介绍价差区间估计的一种 Bootstrap 方法——分位法。分位法的步骤如下：

(1) 根据观测 $X=(x_1,x_2,\cdots,x_n)$ 计算 $\hat{s}=\hat{s}(X)$；

(2) 从原始样本 $X=(x_1,x_2,\cdots,x_n)$ 中随机再抽样得到 $X_b^*=(x_1^*,x_2^*,\cdots,x_m^*)$，$m\leqslant n$；

(3) 重复步骤(1) 和(2) B 次，得到 $\hat{s}_1^*,\hat{s}_2^*,\cdots,\hat{s}_B^*$，据此我们可以构造 $\hat{s}^*$ 的累

积分布函数，记为 $\hat{G}$；

(4)$(\hat{G}^{-1}(\alpha/2),\hat{G}^{-1}(1-\alpha/2))$ 即为有效价差 s 的 $1-\alpha$ 置信度的区间估计。

对于 High-Low 估计，$x_t=(R_t^o,R_{t,t+1}^o)$，可以直接采用上述步骤构造置信区间，而对于 Roll 估计，由于 Δp_t^o 是相关序列，本书采用 Block Bootstrap 方法来构造置信区间。

Block Bootstrap 方法是基于 X 的连续抽样块进行的，例如 $x_{I+1},\cdots,x_{I+b}$，其中 $0\leqslant I\leqslant n-b$ 是随机抽取的，将抽样块按顺序放置，b 为块长。假设此处按照这种方式生成了 $x_{I_j+1},\cdots,x_{I_j+b},j\geqslant 1$，构造了新的时间序列 $x_1^*,x_2^*,\cdots,x_m^*$ 等价于 $x_{I_1+1},\cdots,x_{I_1+b},x_{I_2+1},\cdots,x_{I_2+b},\cdots$。重抽样样本 $x_1^*,x_2^*,\cdots,x_m^*$ 就是这个序列的前 m 个元素。关于块的选择有两种方法：一种是固定取块法，即把序列 $x_1,x_2,\cdots,x_n$ 分为 m 块，每块为 b 个连续元素，然后随机抽取重抽样块，I_j 独立地从 $1,b+1,\cdots,(m-1)b+1$ 上抽取，而且固定块长法中各抽样块是不重合的。另一种是移动抽块法，该方法允许抽样块之间互相重合，故 I_j 独立地从 $0,1,\cdots,n-b$ 中抽取。

对于 Roll 估计，本书既采用固定取块法，也运用移动取块抽样，并且选用几种不同的块长 b 进行比较研究。

二、实际例子

实例 1 利用日最高价、最低价及收盘价分别估计了近 5 年的 S&P500 和 DJIA 成分股票的月度价差。Roll 和 High-Low 价差的估计范围为 2008 年 4 月—2013 年 4 月。对于 High-Low 估计，本书直接运用分位法构造 Bootstrap 置信区间，而对于 Roll 估计，本书既采用固定取块法，也运用移动取块抽样，并且选用不同的块长 $b(b=2,3,4,5)$。由于选用不同的 b 值以及固定或移动取块方式构造的基于 Bootstrap 方法的置信区间并没有显著差别，这里仅展示了移动取块方法且 $b=3$ 时的结果，图 2-3 和图 2-4 分别对应 S&P500 和 DJIA 成分股票的月度价差估计。本节内的置信度均设为 95%。

由图 2-3 和图 2-4 可以看出，两种估计的趋势是相似的，并且与理论及模拟结果一致，Roll 估计的置信区间要远宽于 High-Low 估计。两种估计在 2008—

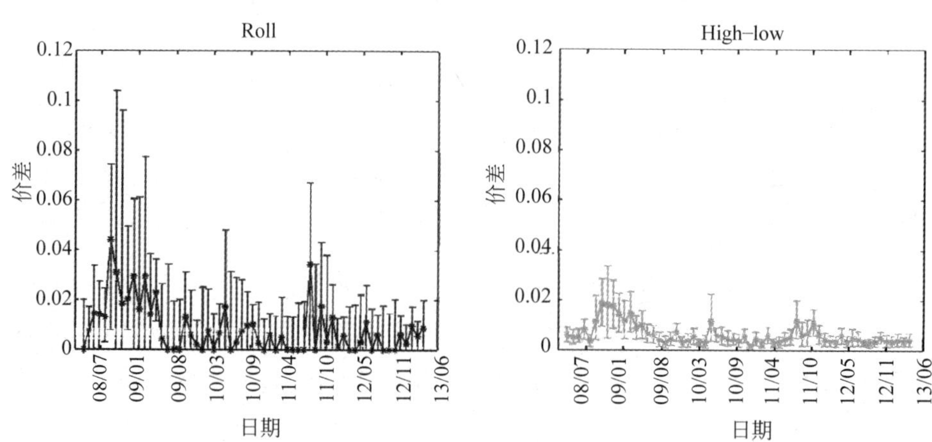

图 2-3 S&P500 股票基于 Bootstrap 方法的置信区间分析。左侧图为 Roll 方法的估计区间，右侧图为 High-Low 方法的估计区间

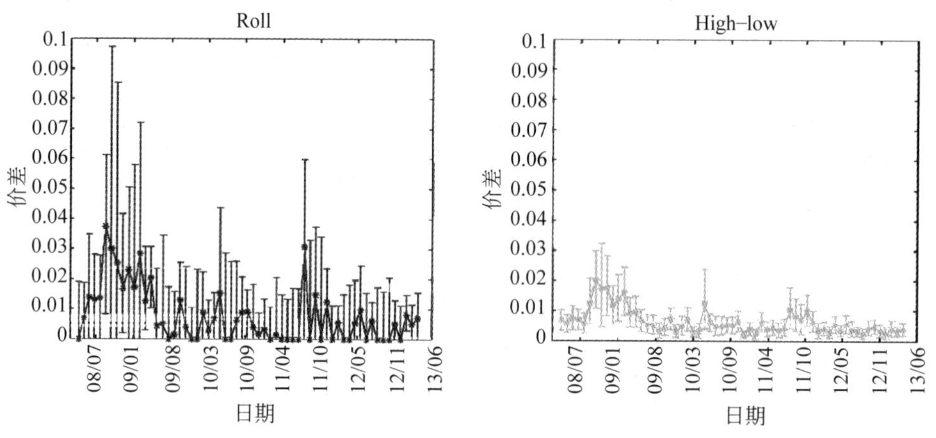

图 2-4 DJIA 股票基于 Bootstrap 方法的置信区间分析。左侧图为 Roll 方法的估计区间，右侧图为 High-Low 方法的估计区间

2009 年有一个显著的上升，这是因为交易成本受 2008 年金融危机的影响。

为了证实 Roll 和 High-Low 估计同时也适用于非美国市场，本书也采用同样的方法根据日最高价、最低价及收盘价估计从 2010 年 4 月到 2013 年 4 月之间中国股指期货的月度价差。Bootstrap 结果如图 2-5 所示。

图 2-5 也表明两种估计的趋势是相近的，两种月价差估计的平均值都在

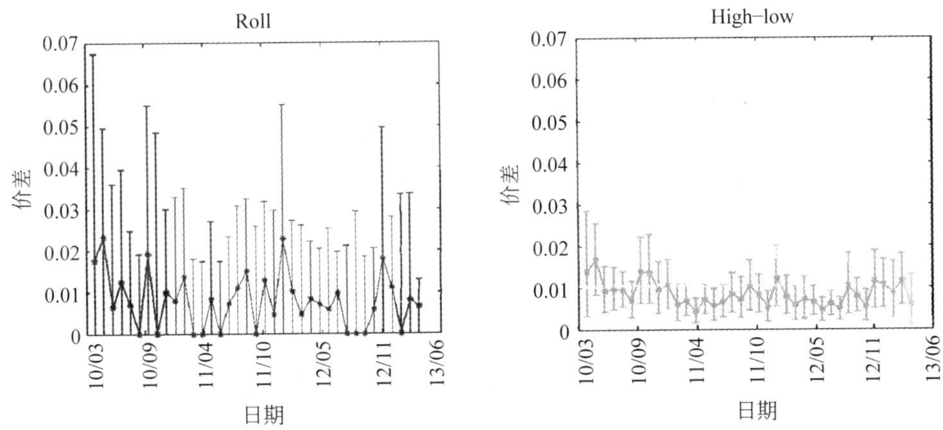

图 2-5 中国股指期货基于 Bootstrap 方法的置信区间分析。

左侧图为 Roll 方法的估计区间，右侧图为 High-Low 方法的估计区间

0.80%左右，但是 Roll 估计的 Bootstrap 区间要远宽于 High-Low 估计，如图 2-5 所示，Roll 估计的平均上下限大约为 0.06%和 3.64%，而 High-Low 估计的平均上限仅为 1.43%，平均下限也达到 0.37%，这说明 High-Low 估计比 Roll 估计的精度更高。

第五节 结 论

本章基于统计推断的角度从理论上分别研究了两种有效价差估计方法即 Roll 和 High-Low 估计的统计性质，包括两者的偏差和均方误差、相合性以及渐近正态性等问题，通过直接比较其理论统计性质得到 High-Low 估计优于 Roll 估计的结论。更进一步地，数值随机模拟和实证分析的结果也对上述结论进行印证。本章采用的方法和得到的结论为比较不同的买卖价差的低频估计方法奠定了重要的计量理论基础，这也是对以往文献中多采取相关性比较方法进行类似研究的一种积极补充。另外，本章内容对应笔者博士期间发表的论文“两种买卖价差估计渐近性质的比较”，并对该论文加以拓展和补充。

第三章 基于价格极值的有效价差估计

第一节 引　言

Corwin 和 Schultz(2012)通过数值模拟及具体实例发现,基于日最高价和最低价提出的 High-Low 估计与基准价差之间的相关系数要高于 Roll 估计对应的结果。此外,本书第二章中从统计推断的角度出发,分别从理论上研究了 Roll 的估计及 High-Low 估计的偏差和均方误差以及相合性和渐近正态性等问题,通过直接比较其渐近行为在理论上得出 High-Low 估计优于 Roll 估计的结论。这说明,基于价格极差信息所构造的买卖价差估计比只基于收盘价构造的价差估计更有效,这也促使笔者在 Corwin 和 Schultz(2012)文章的基础上思考能否提出基于极差的新的买卖价差的估计。基于 Roll 模型和 Corwin 和 Schultz(2012)文中推导出价差估计的两个矩条件,很直观地,此处容易想到可以提出另外的两个一阶矩条件。因此,根据 4 个矩条件,本章新提出了 5 个 High-Low 价差估计,并且研究了包括 Corwin 和 Schultz(2012)所提 High-Low 估计在内的 6 个价差估计的理论性质。本章通过计算不同价差估计的偏差、均方误差等,并研究其相合性、渐近正态性等渐近性质,从而在理论上直接给出对不同价差估计的统计评价。理论和模拟结果均表明 Corwin 和 Schultz 的估计并不是最优的 High-Low 估计。此外,本书也指出了本章提出的 5 种 High-Low 价差估计中存在估计无论在理想还是非理想条件下都表现很好。更进一步地,本章也根据上述矩条件提出了广义矩估计(GMM),并且发现最好的 GMM 估计与上述表现最优的矩估计的表现非常相似。

本章的结构如下：第二节提出新的 High-Low 估计，第三节则给出 5 种新的 High-Low 估计的统计理论性质，第四节则对 6 种 High-Low 估计［包含 Corwin 和 Schultz(2012)所提 High-Low 估计］的度量效果进行随机模拟，第五节提出了广义矩估计，最后的结论在第六节。笔者将在本书的第五章和第六章中给出包含本章所提估计方法在内的多种有效价差估计的实证研究。

第二节　新的 High-Low 估计

第二章所研究的 Corwin 和 Schultz(2012)提出来的 High-Low 估计实际上基于式(1-17)和式(1-18)的矩估计。式(1-17)和式(1-18)作为两个二阶矩条件，既包含有效价差的成分，也包含波动率的相关信息。如果只从有效价差的角度出发，直观地得到基于价格极值的两个一阶矩条件为

$$\beta_1 \triangleq E[R_t^o] = k_1\sigma + s \tag{3-1}$$

$$\beta_2 \triangleq E[R_{t,t+1}^o] = \sqrt{2}k_1\sigma + s \tag{3-2}$$

基于这 4 个矩条件，除了 Corwin 和 Schultz 的估计外，还可以得到其余 5 个基于价格极值的简单矩估计：

$$\hat{s}_1 = \frac{\sqrt{2\hat{\beta}_1} - \sqrt{\hat{\beta}_2}}{\sqrt{2} - 1} \tag{3-3}$$

$$\hat{s}_2 = \hat{\beta}_1 - \frac{k_1}{\sqrt{k_2 - k_1^2}}\sqrt{\hat{\gamma}_1 - \hat{\beta}_1^2} \tag{3-4}$$

$$\hat{s}_3 = \beta_2 - \frac{k_1}{\sqrt{k_2 - k_1^2}}\sqrt{\hat{\gamma}_2 - \hat{\beta}_2^2} \tag{3-5}$$

$$\hat{s}_4 = \frac{(2k_2 - \sqrt{2}k_1^2)\hat{\beta}_1 - k_1\sqrt{2(k_1^2 - k_2)\hat{\beta}_1^2 + [2k_2 + (1 - 2\sqrt{2})k_1^2]\hat{\gamma}_2}}{2k_2 + (1 - 2\sqrt{2})k_1^2} \tag{3-6}$$

$$\hat{s}_5 = \frac{(k_2 - \sqrt{2}k_1^2)\hat{\beta}_2 + \sqrt{2}k_1\sqrt{(k_1^2 - k_2)\hat{\beta}_2^2 + [k_2 + (2 - \sqrt{2})k_1^2]\hat{\gamma}_1}}{k_2 + (2 - 2\sqrt{2})k_1^2} \tag{3-7}$$

在实际的具体样本数据下，如果基于式(1-20)、式(3-3)～式(3-7)得到的 $\hat{s}_{hl}$，$\hat{s}_1 - \hat{s}_5$ 估计值为负数，则将此次 High-Low 估计记为 0。

第二章中本书已经研究 Corwin 和 Schultz(2012)所提出来的 High-Low 估计的偏差、方差及渐近性质等，并且指出该 High-Low 估计在理论上优于 Roll 估计，同样，在接下来的小节中本书也将研究其余 5 种新提出来的 High-Low 估计的统计性质，首先从理论上比较上述 6 种 High-Low 估计的优劣。主要的结果概括为下一章中的几个引理和定理。

第三节 理论性质

在下面的引理及定理中，如第二章所述，k_1,k_2,k_3,k_4 以及 $\rho_{ij},\delta_{ij}(i,j=1,2)$ 是常数，其定义与第二章一致，$k_1=4\ln 2,k_2=\sqrt{8/\pi},k_3=(2\pi)^{3/2}/3,k_4\approx 10.818\,5$，$\rho_{ij},\delta_{ij}(i,j=1,2)$的值可通过数值模拟得到，例如根据每天能够观测到 10 000 个价格，由 50 000 天的数据计算得到的结果为 $\rho_{11}=0.339\,5,\rho_{12}=\rho_{21}=0.332\,3$，$\rho_{22}=0.330\,4,\delta_{11}=0.580\,1,\delta_{12}=0.560\,2,\delta_{21}=0.583\,0,\delta_{22}=0.576\,7$。本节考虑在式(1-1)以及式(1-14)的基础上推导并比较 6 种有效价差估计 $\hat{s}_{hl},\hat{s}_1-\hat{s}_5$ 的统计性质，特别是计算其偏差和均方误差的大小以及渐近分布。主要的结果概括为如下的几个引理和定理，具体证明的细节则放在附录 B 当中。

一、$\hat{s}_1$ 的统计性质

引理 3.1 在式(1-1)和式(1-14)下，$\hat{\beta}_1=\frac{1}{n}\sum_{t=1}^{n}R_t^o,\hat{\beta}_2=\frac{1}{n}\sum_{t=1}^{n}R_{t,t+1}^o$，对于 $\hat{\beta}_1,\hat{\beta}_2$ 成立：

(1) $\operatorname{Var}(\hat{\beta}_1)=\frac{(k_2-k_1^2)\sigma^2}{n},\operatorname{Var}(\hat{\beta}_2)=\frac{2(1+2\rho_{11})(k_2-k_1^2)\sigma^2}{n}+o\left(\frac{1}{n}\right)$

$$\operatorname{Cov}(\hat{\beta}_1,\hat{\beta}_2)=\frac{2\sqrt{2}\delta_{11}(k_2-k_1^2)\sigma^2}{n}$$

(2) $p\lim\limits_{n\to\infty}\hat{\beta}_1=\beta_1,p\lim\limits_{n\to\infty}\hat{\beta}_2=\beta_2,\sqrt{n}\begin{pmatrix}\hat{\beta}_1-\beta_1\\ \hat{\beta}_2-\beta_2\end{pmatrix}\xrightarrow{d}N(0,\Sigma_1)$

其中，$\Sigma_1=\begin{pmatrix}\sigma_{11,11} & \sigma_{12,11}\\ \sigma_{21,11} & \sigma_{22,11}\end{pmatrix}$，$\sigma_{11,11}=(k_2-k_1^2)\sigma^2$，$\sigma_{22,11}=2(1+2\rho_{11})(k_2-k_1^2)\sigma^2$，

$$\sigma_{12,11}=\sigma_{21,11}=2\sqrt{2}\delta_{11}(k_2-k_1^2)\sigma^2$$

根据引理 3.1，High-Low 估计 $\hat{s}_1$ 的性质见定理 3.1。

定理 3.1 在式(1-1)和式(1-14)下，$\hat{s}_1=\dfrac{\sqrt{2}\hat{\beta}_1-\hat{\beta}_2}{\sqrt{2}-1}$，故有

(1) $E(\hat{s}_1)=s$，$\mathrm{Var}(\hat{s}_1)=\dfrac{(12+8\sqrt{2})(1+\rho_{11}-2\delta_{11})(k_2-k_1^2)\sigma^2}{n}+o\left(\dfrac{1}{n}\right)$

(2) $p\lim\limits_{n\to\infty}\hat{s}_1=s$，$\sqrt{n}(\hat{s}_1-s)\xrightarrow{d}N(0,\sigma_1^2(s))$

其中

$$\sigma_1^2(s)=(12+8\sqrt{2})(1+\rho_{11}-2\delta_{11})(k_2-k_1^2)\sigma^2$$

二、$\hat{s}_2$ 的统计性质

引理 3.2 在式(1-1)和式(1-14)下，$\hat{\beta}_1=\dfrac{1}{n}\sum\limits_{t=1}^{n}R_t^o$，$\hat{\gamma}_1=\dfrac{1}{n}\sum\limits_{t=1}^{n}R_t^{o^2}$，对于$\hat{\beta}_1$，$\hat{\gamma}_1$ 成立

(1) $\mathrm{Var}(\hat{\gamma}_1)=\dfrac{(k_4-k_2^2)\sigma^4+4(k_3-k_1k_2)s\sigma^3+4(k_2-k_1^2)s^2\sigma^2}{n}$

$$\mathrm{Cov}(\hat{\beta}_1,\hat{\gamma}_1)=\frac{(k_3-k_1k_2)\sigma^3+2(k_2-k_1^2)s\sigma^2}{n}$$

(2) $p\lim\limits_{n\to\infty}\hat{\beta}_1=\beta_1$，$p\lim\limits_{n\to\infty}\hat{\gamma}_1=\gamma_1$，$\sqrt{n}\begin{pmatrix}\hat{\beta}_1-\beta_1\\ \hat{\gamma}_1-\gamma_1\end{pmatrix}\xrightarrow{d}N(0,\Sigma_2)$

其中

$$\boldsymbol{\Sigma}_2=\begin{pmatrix}\sigma_{11,11} & \sigma_{11,12}\\ \sigma_{11,21} & \sigma_{11,22}\end{pmatrix},\sigma_{11,12}=\sigma_{11,21}=(k_3-k_1k_2)\sigma^3+2(k_2-k_1^2)s\sigma^2$$

$$\sigma_{11,22}=(k_4-k_2^2)\sigma^4+4(k_3-k_1k_2)s\sigma^3+4(k_2-k_1^2)s^2\sigma^2$$

基于引理 3.2，High-Low 估计 $\hat{s}_2$ 的性质见定理 3.2。

定理 3.2 在式(1-1)和式(1-14)下，$\hat{s}_2=\hat{\beta}_1-\frac{k_1}{\sqrt{k_2-k_1^2}}\sqrt{\hat{\gamma}_1-\hat{\beta}_1^2}$，因此

(1) $E(\hat{s}_2)>$ s

$$E(\hat{s}_2)=s+\frac{k_1k_4+3k_1k_2^2-4k_1^2k_3}{8\,(k_2-k_1^2)^2n}\sigma+o\left(\frac{1}{n}\right)$$

$$\mathrm{Var}(\hat{s}_2)=\frac{4k_2^3+k_1^2k_4-4k_1k_2k_3-k_1^2k_2^2}{4\,(k_2-k_1^2)^2n}\sigma^2+o\left(\frac{1}{n}\right)$$

(2) $p\lim_{n\to\infty}\hat{s}_2=s,\sqrt{n}(\hat{s}_2-s)\xrightarrow{d}N(0,\sigma_2^2(s))$

其中

$$\sigma_2^2(s)=\frac{4k_2^3+k_1^2k_4-4k_1k_2k_3-k_1^2k_2^2}{4\,(k_2-k_1^2)^2}\sigma^2$$

三、$\hat{s}_3$ 的统计性质

引理 3.3 在式(1-1)和式(1-14)下，$\hat{\beta}_2=\frac{1}{n-1}\sum_{t=1}^{n-1}R_{t,t+1}^{o}$，$\hat{\gamma}_2=\frac{1}{n-1}\sum_{t=1}^{n-1}R_{t,t+1}^{o^2}$，

对于$\hat{\beta}_2$，$\hat{\gamma}_2$，可以推出

(1) $\mathrm{Var}(\hat{\gamma}_2)=\frac{1}{n-1}\{4(1+2\rho_{22})(k_4-k_2^2)\sigma^4+8\sqrt{2}[k_3-k_1k_2+(\rho_{12}+\rho_{21})$

$\sqrt{k_4-k_2^2}\sqrt{k_2-k_1^2}]s\sigma^3+8(1+2\rho_{11})(k_2-k_1^2)s^2\sigma^2\}$

$$\mathrm{Cov}(\hat{\beta}_2,\hat{\gamma}_2)=\frac{1}{n-1}\{2\sqrt{2}[k_3-k_1k_2+(\rho_{12}+\rho_{21})\sqrt{(k_4-k_2^2)}\sqrt{(k_2-k_1^2)}]\sigma^3$$

$$+4(1+2\rho_{11})(k_2-k_1^2)s\sigma^2\}+o\left(\frac{1}{n}\right)$$

(2) $p\lim_{n\to\infty}\hat{\gamma}_2=\gamma_2,\sqrt{n}\begin{pmatrix}\hat{\beta}_2-\beta_2\\ \hat{\gamma}_2-\gamma_2\end{pmatrix}\xrightarrow{d}N(0,\Sigma_3)$

其中

$$\boldsymbol{\Sigma}_3=\begin{pmatrix}\sigma_{22,11} & \sigma_{22,12}\\ \sigma_{22,21} & \sigma_{22,22}\end{pmatrix}$$

$$\sigma_{22,12}=\sigma_{22,21}=2\sqrt{2}[k_3-k_1k_2+(\rho_{12}+\rho_{21})\sqrt{(k_4-k_2^2)}\sqrt{(k_2-k_1^2)}]\sigma^3$$

$$+4(1+2\rho_{11})(k_2-k_1^2)s\sigma^2$$

$$\sigma_{22,22}=4(1+2\rho_{22})(k_4-k_2^2)\sigma^4+8\sqrt{2}[k_3-k_1k_2$$

$$+(\rho_{12}+\rho_{21})\sqrt{k_4-k_2^2}\sqrt{k_2-k_1^2}]s\sigma^3+8(1+2\rho_{11})(k_2-k_1^2)s^2\sigma^2$$

基于引理 3.3，$\hat{s}_3$ 的渐近性质见定理 3.3。

定理 3.3 在式(1-1)和式(1-14)下，$\hat{s}_3=\hat{\beta}_2-\frac{k_1}{\sqrt{k_2-k_1^2}}\sqrt{\hat{\gamma}_2-\hat{\beta}_2{}^2}$，因此

(1) $E(\hat{s}_3)>s$

$$E(\hat{s}_3)=s+\frac{1}{2\sqrt{2}(k_2-k_1^2)^2n}\left[2(1+2\rho_{11})k_1k_2(k_2-k_1^2)+\left(\frac{1}{2}+\rho_{22}\right)k_1(k_4-k_2^2)\right.$$

$$\left.-2k_1^2(k_3-k_1k_2)-2(\rho_{12}+\rho_{21})k_1^2\sqrt{k_4-k_2^2}\sqrt{k_2-k_1^2}\right]\sigma+o\left(\frac{1}{n}\right)$$

$$\mathrm{Var}(\hat{s}_3)=\frac{(1+2\rho_{22})k_1^2(k_4-k_2^2)-4k_1k_2[k_3-k_1k_2+(\rho_{12}+\rho_{21})\sqrt{k_4-k_2^2}\sqrt{k_2-k_1^2}]}{2(k_2-k_1^2)^2n}\sigma^2$$

$$+\frac{2(1+2\rho_{11})k_2^2}{(k_2-k_1^2)n}\sigma^2+o\left(\frac{1}{n}\right)$$

(2) $p\lim_{n\to\infty}\hat{s}_3=s,\sqrt{n}(\hat{s}_3-s)\xrightarrow{d}N(0,\sigma_3^2(s))$，

其中

$$\sigma_3^2(s)=\frac{(1+2\rho_{22})k_1^2(k_4-k_2^2)-4k_1k_2[k_3-k_1k_2+(\rho_{12}+\rho_{21})\sqrt{k_4-k_2^2}\sqrt{k_2-k_1^2}]}{2(k_2-k_1^2)^2}\sigma^2$$

$$+\frac{2(1+2\rho_{11})k_2^2}{(k_2-k_1^2)}\sigma^2$$

四、$\hat{s}_4$ 的统计性质

引理 3.4 在式(1-1)和式(1-14)下，对于 $\hat{\beta}_1,\hat{\gamma}_2$，成立下式：

(1) $\mathrm{Cov}(\hat{\beta}_1,\hat{\gamma}_2)=\frac{4\delta_{12}\sqrt{k_4-k_2^2}\sqrt{k_2-k_1^2}\sigma^3+4\sqrt{2}\delta_{11}(k_2-k_1^2)s\sigma^2}{n}$

(2) $\sqrt{n}\begin{pmatrix}\hat{\beta}_1-\beta_1\\ \hat{\gamma}_2-\gamma_2\end{pmatrix}\xrightarrow{d}N(0,\Sigma_4)$

其中

$$\Sigma_4 = \begin{pmatrix} \sigma_{11,11} & \sigma_{12,12} \\ \sigma_{21,21} & \sigma_{22,22} \end{pmatrix}$$

$$\sigma_{12,12} = \sigma_{21,21} = 4\delta_{12}\sqrt{k_4 - k_2^2}\sqrt{k_2 - k_1^2}\sigma^3 + 4\sqrt{2}\delta_{11}(k_2 - k_1^2)s\sigma^2$$

基于引理 3.4，$\hat{s}_4$ 的渐近性质见定理 3.4。

定理 3.4 在式(1-1)和式(1-14)下，

$$\hat{s}_4 = \frac{(2k_2 - \sqrt{2}k_1^2)\hat{\beta}_1 - k_1\sqrt{2(k_1^2 - k_2)\hat{\beta}_1{}^2 + [2k_2 + (1 - 2\sqrt{2})k_1^2]\hat{\gamma}_2}}{2k_2 + (1 - 2\sqrt{2})k_1^2}$$，因此可以得到

(1) $E(\hat{s}_4) > s$

$$E(\hat{s}_4) = s + \frac{l_{41}\sigma^3 + l_{42}s\sigma^2 + l_{43}s^2\sigma}{n\left[(2k_2 - \sqrt{2}k_1^2)\sigma + (\sqrt{2} - 1)k_1 s\right]^3}\sigma + o\left(\frac{1}{n}\right)$$

$$Var(\hat{s}_4) = \frac{m_{41}\sigma^2 + m_{42}s\sigma + m_{43}s^2}{n\left[(2k_2 - \sqrt{2}k_1^2)\sigma + (\sqrt{2} - 1)k_1 s\right]^2}\sigma^2 + o\left(\frac{1}{n}\right)$$

(2) $p\lim_{n\to\infty}\hat{s}_4 = s, \sqrt{n}(\hat{s}_4 - s) \xrightarrow{d} N(0, \sigma_4^2(s))$，

其中

$$\sigma_4^2(s) = \frac{m_{41}\sigma^2 + m_{42}s\sigma + m_{43}s^2}{\left[(2k_2 - \sqrt{2}k_1^2)\sigma + (\sqrt{2} - 1)k_1 s\right]^2}\sigma$$

$$l_{41} = 2k_1k_2(k_2 - k_1^2)^2 + (\frac{1}{2} + \rho_{22})(k_4 - k_2^2) - 4\alpha_{12}k_1^2(\sqrt{k_2 - k_1^2})^3\sqrt{k_4 - k_2^2}$$

$$l_{42} = (2\sqrt{2} - 4\sqrt{2}\delta_{11})k_1^2(k_2 - k_1^2)^2 + \{2\sqrt{2}\rho_{12}[2k_1k_2 + (1 - 2\sqrt{2})k_1^3] - 4\alpha_{12}(k_1k_2 - k_1^3)\}\sqrt{k_4 - k_2^2}\sqrt{k_2 - k_1^2} + \left[(2\sqrt{2}k_1k_2 + (\sqrt{2} - 4)k_1^3\right](k_3 - k_1k_2)$$

$$l_{43} = (1 - 4\sqrt{2}\delta_{11})k_1(k_2 - k_1^2)^2 + (1 + 2\rho_{11})k_1(k_2 - k_1^2)\left[2k_2 + (1 - 2\sqrt{2})k_1^2\right]$$

$$m_{41} = 4k_2^2(k_2 - k_1^2) + (1 + 2\rho_{22})k_1^2(k_4 - k_2^2) - 8\delta_{12}k_1k_2\sqrt{k_4 - k_2^2}\sqrt{k_2 - k_1^2}$$

$$m_{42} = (4\sqrt{2} - 8\sqrt{2}\delta_{11})k_1k_2(k_2 - k_1^2) + 2\sqrt{2}k_1^2(k_3 - k_1k_2$$

$$+2\rho_{12}\sqrt{k_4-k_2^2}\sqrt{k_2-k_1^2})-4\sqrt{2}\delta_{12}k_1^2\sqrt{k_4-k_2^2}\sqrt{k_2-k_1^2}$$

$$m_{43}=4(1+\rho_{11}-2\delta_{11})k_1^2(k_2-k_1^2)$$

五、$\hat{s}_5$ 的统计性质

引理 3.5 在式(1-1)和式(1-14)下，$\hat{\beta}_2,\hat{\gamma}_1$ 有下式成立，

(1) $\mathrm{Cov}(\hat{\beta}_2,\hat{\gamma}_1)=\dfrac{2\sqrt{2}\delta_{21}\sqrt{k_4-k_2^2}\sqrt{k_2-k_1^2}\sigma^3+4\sqrt{2}\delta_{11}(k_2-k_1^2)s\sigma^2}{n}$

(2) $\sqrt{n}\begin{pmatrix}\hat{\beta}_2-\beta_2\\ \hat{\gamma}_1-\gamma_1\end{pmatrix}\xrightarrow{d}N(0,\Sigma_5)$

其中

$$\Sigma_5=\begin{pmatrix}\sigma_{22,11} & \sigma_{21,12}\\ \sigma_{12,21} & \sigma_{12,22}\end{pmatrix}$$

$$\sigma_{21,12}=\sigma_{12,21}=2\sqrt{2}\delta_{21}\sqrt{k_4-k_2^2}\sqrt{k_2-k_1^2}\sigma^3+4\sqrt{2}\delta_{11}(k_2-k_1^2)s\sigma^2$$

基于引理 3.5，$\hat{s}_5$ 的渐近性质见定理 3.5。

定理 3.5 在式(1-1)和式(1-14)下，

$$\hat{s}_5=\frac{(k_2-\sqrt{2}k_1^2)\hat{\beta}_2+\sqrt{2}k_1\sqrt{(k_1^2-k_2)\hat{\beta}_2{}^2+[k_2+(2-2\sqrt{2})k_1^2]\hat{\gamma}_1}}{k_2+(2-2\sqrt{2})k_1^2}$$,成立

(1) $E(\hat{s}_5)<s$

$$E(\hat{s}_5)=s+\frac{l_{51}\sigma^3+l_{52}s\sigma^2+l_{53}s^2\sigma}{2n\left[(\sqrt{2}k_1^2-k_2)\sigma+(\sqrt{2}-1)k_1s\right]^3}\sigma+o\left(\frac{1}{n}\right)$$

$$\mathrm{Var}(\hat{s}_5)=\frac{m_{51}\sigma^2+m_{52}s\sigma+m_{53}s^2}{n\left[(\sqrt{2}k_1^2-k_2)\sigma+(\sqrt{2}-1)k_1s\right]^2}\sigma^2+o\left(\frac{1}{n}\right)$$

(2) $p\lim\limits_{n\to\infty}\hat{s}_5=s,\sqrt{n}(\hat{s}_5-s)\xrightarrow{d}N(0,\sigma_5^2(s))$

其中

$$\sigma_5^2(s)=\frac{m_{51}\sigma^2+m_{52}s\sigma+m_{53}s^2}{\left[(\sqrt{2}k_1^2-k_2)\sigma+(\sqrt{2}-1)k_1s\right]^2}\sigma$$

$$l_{51}=4\sqrt{2}\delta_{21}k_1^2\sqrt{k_4-k_2^2}(\sqrt{k_2-k_1^2})^3-2\sqrt{2}(1+2\rho_{11})k_1k_1(k_2-k_1^2)^2$$

$$-\frac{1}{4}[\sqrt{2}k_1k_2+(2\sqrt{2}-4)k_1^3](k_4-k_2^2)$$

$$l_{52}=4\delta_{21}k_1\sqrt{k_4-k_2^2}(\sqrt{k_2-k_1^2})^3+[8\sqrt{2}\delta_{11}-4\sqrt{2}(1+2\rho_{11})]k_1^2(k_2-k_1^2)^2$$

$$-[\sqrt{2}k_1k_2+(2\sqrt{2}-4)k_1^3](k_3-k_1k_2)$$

$$l_{53}=[8\delta_{11}-2\sqrt{2}(1+2\rho_{11})]k_1(k_2-k_1^2)^2-[\sqrt{2}k_1k_2+(2\sqrt{2}-4)k_1^3](k_2-k_1^2)$$

$$m_{51}=2(1+2\rho_{11})k_2^2(k_2-k_1^2)+\frac{1}{2}k_1^2(k_4-k_2^2)-4\delta_{21}k_1k_2\sqrt{k_4-k_2^2}\sqrt{k_2-k_1^2}$$

$$m_{52}=4(1+2\rho_{11}-2\delta_{11})k_1k_2(k_2-k_1^2)+2k_1^2(k_3-k_1k_2)$$

$$-4\delta_{21}k_1^2\sqrt{k_4-k_2^2}\sqrt{k_2-k_1^2}$$

$$m_{53}=4(1+\rho_{11}-2\delta_{11})k_1^2(k_2-k_1^2)$$

六、统计性质比较

基于上述定理，我们可以得到推论 3.1 如下：当 $n\to\infty$ 时，

(1) $|bias(\hat{s}_1)|<|bias(\hat{s}_{hl})|<|bias(\hat{s}_5)|<|bias(\hat{s}_2)|<|bias(\hat{s}_3)|$，$|bias(\hat{s}_1)|<|bias(\hat{s}_{hl})|<|bias(\hat{s}_5)|<|bias(\hat{s}_2)|<|bias(\hat{s}_3)|$，且 $|bias(\hat{s}_5)|<|bias(\hat{s}_4)|$ 当 $\sigma/s<0.7095$，$|bias(\hat{s}_5)|>|bias(\hat{s}_4)|$ 当 $\sigma/s>0.7095$.

(2) $MSE(\hat{s}_4)<MSE(\hat{s}_1)<MSE(\hat{s}_{hl})<MSE(\hat{s}_2)<MSE(\hat{s}_3)$
$MSE(\hat{s}_4)<MSE(\hat{s}_1)<MSE(\hat{s}_{hl})<MSE(\hat{s}_5)<MSE(\hat{s}_3)$
且 $MSE(\hat{s}_5)<MSE(\hat{s}_2)$ 当 $\sigma/s<2.0766$ 时，$MSE(\hat{s}_5)>MSE(\hat{s}_2)$ 当 $\sigma/s>2.0766$.

为了更直观地比较这 6 种矩估计，图 3-1 和图 3-2 给出了六种估计的理论偏差绝对值(|bias|)、方差(variance)和均方误差(*RMSE*)。图 3-1 所示的是当 σ 是固定的，随着 σ/s 的增加，即 s 减少时偏差绝对值、方差和均方误差的变化趋势。图 3-2 从另一侧面给出当 s 固定时，随着 σ 的增加，偏差绝对值、方差和均方误差的变化趋势。

从图 3-1 和图 3-2 可以看出，从预测精度的角度看，$\hat{s}_4$ 的表现最优，$\hat{s}_1$ 次之，但两者差别不显著；$\hat{s}_2$，$\hat{s}_{hl}$，$\hat{s}_5$ 的估计精度表现在$\hat{s}_1$，$\hat{s}_4$ 之后，三者之间差距也较

小；$\hat{s}_3$ 表现最差，与其余 5 种估计差距较大。

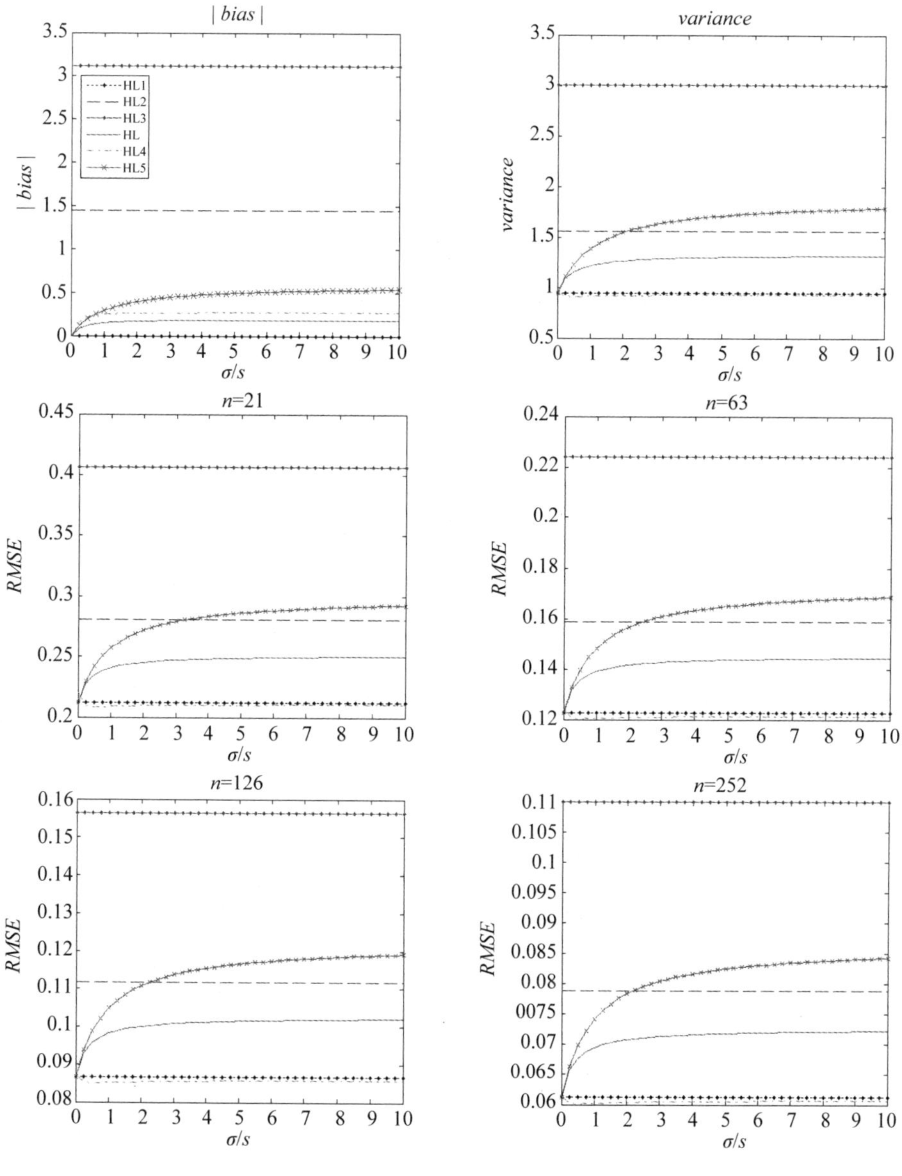

图 3-1　当 σ 固定时，6 种价差估计的理论性质比较，自左到右、自上而下分别为：偏差绝对值、方差、均方误差($n=21,63,126,252$)，其中偏差和方差是以 σ/n 和 σ^2/n 度量的，均方误差以 σ 度量

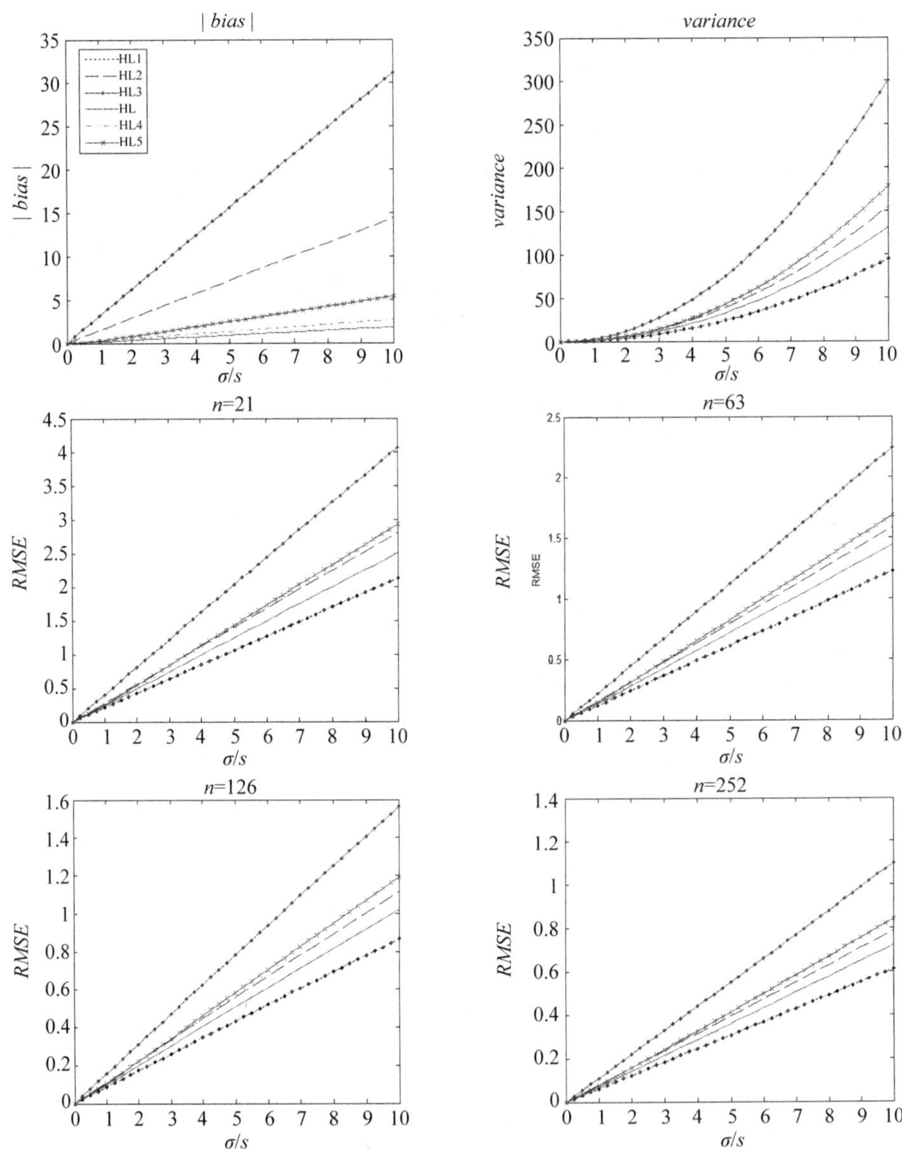

图 3-2　当 s 固定时，6 种价差估计的理论性质比较，自左到右、自上而下分别为：偏差绝对值、方差、均方误差($n=21,63,126,252$)，其中偏差和方差是以 σ/n 和 σ^2/n 度量的，均方误差以 σ 度量

第四节 模拟研究

一、六种 High-Low 估计误差模拟结果

为了更直观地比较 6 种 High-Low 估计在不同状况下的估计效果，本节通过数值模拟的方法对上述 6 种价差估计在有限样本下的偏差及均方误差进行比较。模拟的过程与第二章类似，即仍然采取与 Corwin 和 Schultz(2012)相似的设置。

同样，我们首先考察它们在理想状态下(即每天交易是连续不间断进行的)的表现，表 3-1 展示了当估计的样本大小 n 分别选为 21、63、126 和 252，σ/s 设定为 0.2、0.5、1、2、5 和 10 时，并且当 σ 取 0.03 和 0.05 时各估计的均方误差($RMSE$)、平均相对误差(MAE)以及非正估计的比例($NegNum$)。这里，如果 High-Low 估计值为负数，我们统一将其设为 0。此外，本章各表中 $RMSE$ 和 MAE 均已作乘以 10^2 处理。

分析表 3-1 可知，无论样本量 n 或者 σ、s 取值大小，$\hat{s}_4$ 总是具有最小的估计误差。具体来说，6 种估计的误差大小排序为

$$RMSE(\hat{s}_4)<RMSE(\hat{s}_1)<RMSE(\hat{s}_{hl})<RMSE(\hat{s}_2)<RMSE(\hat{s}_5)<RMSE(\hat{s}_3),$$

$$MAE(\hat{s}_4)<MAE(\hat{s}_1)<MAE(\hat{s}_{hl})<MAE(\hat{s}_2)<MAE(\hat{s}_5)<MAE(\hat{s}_3)$$

同时我们发现，$\hat{s}_1$ 和 $\hat{s}_4$ 之间的差距非常小，并且 $\hat{s}_2$、$\hat{s}_{hl}$ 和 $\hat{s}_5$ 之间估计误差大小也比较接近。不过 $\hat{s}_3$ 在 6 种估计中相对表现较差，其 $RMSE$ 或者 MAE 明显高于其余 High-Low 估计。更加细致地分析表 3-1 *Panel* A～D 可得，当样本量 n 增加时，各估计的估计误差均逐渐变小；当 s 固定时，随着 σ 的增加，所有估计的 $RMSE$ 和 MAE 都会逐渐增大；而当 σ 固定时，无论 s 如何变化，$\hat{s}_1$，$\hat{s}_2$，$\hat{s}_3$ 的估计误差均几乎保持不变，$\hat{s}_{hl}$ 和 $\hat{s}_5$ 的 $RMSE$ 或 MAE 首先随 s 的增加而上升，随后也稳定在某一个固定值左右。值得注意的是 $\hat{s}_4$ 的趋势与其余五种估计都不相似：当 s 增大时，估计误差首先下降，到达某一最低值后又逐渐上升，最后稳定在同个固定值附近。至于非正价差的比例，无论 n，s 及 σ 的大小，其均与 σ/s 呈正相关。当 σ/s 比较小的时候，所有估计均是正的，但是随着 σ/s 的增加，$NegNum$ 数值不断上升。

表 3-1 理想状况下 6 种估计的估计误差比较

σ/s		HL	HL1	HL2	HL3	HL4	HL5	HL	HL1	HL2	HL3	HL4	HL5
Panel A $n=21$													
		$\sigma=0.03$						$\sigma=0.05$					
0.2	*RMSE*	0.789	0.750	0.827	1.253	0.722	0.794	1.307	1.240	1.378	2.088	1.197	1.313
	MAE	0.622	0.591	0.645	0.987	0.570	0.625	1.026	0.974	1.080	1.639	0.941	1.028
	NegNum	0.000	0.000	0.000	0.000	0.000	0.000	0.000	0.000	0.000	0.000	0.000	0.000
0.5	*RMSE*	0.788	0.734	0.824	1.259	0.697	0.822	1.325	1.233	1.356	2.100	1.170	1.381
	MAE	0.621	0.579	0.640	0.988	0.550	0.646	1.048	0.975	1.060	1.653	0.927	1.086
	NegNum	0.000	0.000	0.000	0.001	0.000	0.000	0.000	0.000	0.000	0.000	0.000	0.000
1	*RMSE*	0.804	0.745	0.832	1.265	0.702	0.882	1.336	1.239	1.384	2.097	1.168	1.465
	MAE	0.635	0.588	0.651	1.001	0.555	0.690	1.055	0.978	1.079	1.648	0.924	1.147
	NegNum	0.001	0.000	0.002	0.019	0.000	0.002	0.001	0.000	0.002	0.019	0.000	0.002
2	*RMSE*	0.809	0.753	0.823	1.248	0.706	0.938	1.328	1.238	1.365	2.049	1.155	1.548
	MAE	0.637	0.592	0.643	0.982	0.556	0.730	1.046	0.976	1.068	1.615	0.908	1.209
	NegNum	0.062	0.047	0.061	0.113	0.033	0.099	0.056	0.044	0.058	0.109	0.031	0.095
5	*RMSE*	0.786	0.736	0.820	1.242	0.684	0.974	1.310	1.224	1.345	2.050	1.140	1.613
	MAE	0.623	0.584	0.640	0.973	0.540	0.761	1.034	0.965	1.053	1.621	0.898	1.255
	NegNum	0.325	0.318	0.280	0.280	0.275	0.382	0.320	0.309	0.278	0.286	0.272	0.378
10	*RMSE*	0.786	0.735	0.839	1.276	0.690	0.990	1.322	1.242	1.390	2.091	1.167	1.656
	MAE	0.623	0.582	0.653	1.003	0.544	0.773	1.043	0.978	1.083	1.642	0.919	1.284
	NegNum	0.473	0.483	0.416	0.365	0.443	0.516	0.469	0.478	0.420	0.368	0.443	0.506

续表

σ/s		HL	HL1	HL2	HL3	HL4	HL5	HL	HL1	HL2	HL3	HL4	HL5
Panel B $n=63$													
		$\sigma=0.03$						$\sigma=0.05$					
0.2	*RMSE*	0.522	0.480	0.525	0.757	0.468	0.501	0.862	0.791	0.880	1.285	0.774	0.825
	MAE	0.421	0.385	0.413	0.595	0.376	0.401	0.695	0.634	0.694	1.014	0.621	0.659
	NegNum	0.000	0.000	0.000	0.000	0.000	0.000	0.000	0.000	0.000	0.000	0.000	0.000
0.5	*RMSE*	0.531	0.476	0.528	0.774	0.460	0.518	0.888	0.796	0.879	1.280	0.770	0.867
	MAE	0.429	0.382	0.416	0.606	0.369	0.413	0.720	0.640	0.692	1.003	0.618	0.695
	NegNum	0.000	0.000	0.000	0.000	0.000	0.000	0.000	0.000	0.000	0.000	0.000	0.000
1	*RMSE*	0.531	0.479	0.527	0.758	0.460	0.543	0.878	0.791	0.885	1.284	0.762	0.895
	MAE	0.430	0.386	0.414	0.594	0.369	0.434	0.708	0.634	0.697	1.002	0.610	0.712
	NegNum	0.000	0.000	0.000	0.000	0.000	0.000	0.000	0.000	0.000	0.000	0.000	0.000
2	*RMSE*	0.518	0.475	0.524	0.754	0.454	0.564	0.868	0.794	0.882	1.274	0.762	0.940
	MAE	0.417	0.382	0.413	0.592	0.364	0.448	0.698	0.638	0.690	0.998	0.611	0.749
	NegNum	0.003	0.001	0.006	0.045	0.000	0.008	0.003	0.001	0.008	0.048	0.001	0.008
5	*RMSE*	0.511	0.476	0.518	0.760	0.456	0.590	0.842	0.785	0.872	1.254	0.751	0.974
	MAE	0.410	0.383	0.409	0.597	0.366	0.468	0.673	0.630	0.684	0.977	0.602	0.769
	NegNum	0.230	0.205	0.212	0.265	0.181	0.282	0.225	0.198	0.210	0.264	0.178	0.269
10	*RMSE*	0.499	0.473	0.530	0.767	0.453	0.592	0.834	0.792	0.886	1.271	0.757	0.996
	MAE	0.401	0.381	0.418	0.602	0.364	0.470	0.665	0.633	0.698	0.995	0.605	0.782
	NegNum	0.478	0.483	0.436	0.412	0.458	0.498	0.469	0.477	0.441	0.417	0.451	0.493

续表

σ/s		HL	HL1	HL2	HL3	HL4	HL5	HL	HL1	HL2	HL3	HL4	HL5
Panel C $n=126$													
		$\sigma=0.03$						$\sigma=0.05$					
0.2	*RMSE*	0.435	0.391	0.420	0.574	0.384	0.403	0.727	0.654	0.707	0.959	0.643	0.674
	MAE	0.364	0.323	0.336	0.451	0.318	0.332	0.610	0.541	0.565	0.755	0.532	0.555
	NegNum	0.000	0.000	0.000	0.000	0.000	0.000	0.000	0.000	0.000	0.000	0.000	0.000
0.5	*RMSE*	0.453	0.397	0.422	0.574	0.386	0.422	0.747	0.653	0.700	0.955	0.637	0.695
	MAE	0.379	0.327	0.338	0.454	0.319	0.345	0.624	0.538	0.558	0.751	0.525	0.567
	NegNum	0.000	0.000	0.000	0.000	0.000	0.000	0.000	0.000	0.000	0.000	0.000	0.000
1	*RMSE*	0.443	0.392	0.420	0.568	0.380	0.432	0.744	0.656	0.708	0.967	0.639	0.720
	MAE	0.371	0.325	0.336	0.445	0.315	0.354	0.625	0.546	0.567	0.761	0.531	0.592
	NegNum	0.000	0.000	0.000	0.000	0.000	0.000	0.000	0.000	0.000	0.000	0.000	0.000
2	*RMSE*	0.435	0.395	0.420	0.571	0.383	0.451	0.727	0.658	0.708	0.963	0.640	0.748
	MAE	0.360	0.327	0.335	0.448	0.316	0.366	0.602	0.545	0.567	0.758	0.530	0.607
	NegNum	0.000	0.000	0.001	0.013	0.000	0.000	0.000	0.000	0.000	0.013	0.000	0.000
5	*RMSE*	0.414	0.391	0.418	0.565	0.376	0.461	0.699	0.655	0.708	0.970	0.638	0.770
	MAE	0.340	0.323	0.336	0.445	0.311	0.372	0.574	0.542	0.566	0.762	0.526	0.622
	NegNum	0.149	0.122	0.151	0.225	0.104	0.196	0.154	0.123	0.156	0.236	0.114	0.198
10	*RMSE*	0.407	0.390	0.422	0.576	0.378	0.466	0.681	0.650	0.698	0.964	0.632	0.775
	MAE	0.333	0.323	0.337	0.451	0.311	0.376	0.557	0.538	0.557	0.753	0.520	0.627
	NegNum	0.471	0.475	0.441	0.422	0.453	0.498	0.476	0.476	0.432	0.426	0.453	0.499

续表

σ/s		HL	HL1	HL2	HL3	HL4	HL5	HL	HL1	HL2	HL3	HL4	HL5
Panel D $n=252$													
		$\sigma=0.03$						$\sigma=0.05$					
0.2	*RMSE*	0.394	0.347	0.358	0.459	0.343	0.354	0.648	0.571	0.596	0.747	0.564	0.583
	MAE	0.348	0.302	0.296	0.363	0.298	0.306	0.571	0.495	0.493	0.593	0.489	0.502
	NegNum	0.000	0.000	0.000	0.000	0.000	0.000	0.000	0.000	0.000	0.000	0.000	0.000
0.5	*RMSE*	0.403	0.345	0.358	0.453	0.339	0.360	0.673	0.575	0.593	0.748	0.565	0.601
	MAE	0.356	0.299	0.296	0.360	0.294	0.308	0.597	0.501	0.492	0.595	0.492	0.517
	NegNum	0.000	0.000	0.000	0.000	0.000	0.000	0.000	0.000	0.000	0.000	0.000	0.000
1	*RMSE*	0.399	0.346	0.357	0.448	0.339	0.370	0.659	0.572	0.592	0.751	0.561	0.611
	MAE	0.351	0.301	0.295	0.357	0.294	0.315	0.581	0.498	0.491	0.598	0.488	0.522
	NegNum	0.000	0.000	0.000	0.000	0.000	0.000	0.000	0.000	0.000	0.000	0.000	0.000
2	*RMSE*	0.378	0.341	0.355	0.457	0.334	0.372	0.637	0.575	0.602	0.754	0.563	0.628
	MAE	0.329	0.295	0.294	0.363	0.289	0.314	0.555	0.499	0.497	0.600	0.489	0.530
	NegNum	0.000	0.000	0.000	0.002	0.000	0.000	0.000	0.000	0.000	0.001	0.000	0.000
5	*RMSE*	0.363	0.344	0.354	0.450	0.336	0.386	0.604	0.573	0.594	0.751	0.560	0.642
	MAE	0.312	0.298	0.293	0.356	0.291	0.323	0.521	0.499	0.492	0.599	0.486	0.541
	NegNum	0.076	0.049	0.079	0.174	0.042	0.111	0.073	0.049	0.082	0.175	0.040	0.107
10	*RMSE*	0.350	0.339	0.359	0.464	0.334	0.382	0.588	0.570	0.598	0.760	0.560	0.643
	MAE	0.298	0.293	0.298	0.370	0.288	0.319	0.503	0.495	0.496	0.608	0.485	0.539
	NegNum	0.469	0.464	0.439	0.447	0.452	0.483	0.477	0.471	0.444	0.446	0.458	0.495

第二章中曾指出，在现实的市场中，交易不是连续进行的，在连续的两个交易日当中存在着隔夜收益率，一些股票也存在交易不频繁的情况，同样地，本章中我们也进一步考察了存在隔夜波动率和不频繁交易的情形下 6 种估计的性质。表 3-2 展示了部分的计算结果。不失一般性，这里 n 设为 21，即利用日数据估计月度价差的情形，σ 仍然固定为 0.03 和 0.05。表 3.2 中 *Panel A*～*C* 分别展示了当存在隔夜收益率、存在隔夜收益率并且每分钟观测到价格的概率只有 50%，以及存在隔夜收益率并且每分钟观测到价格的概率只有 10%等三种情况下的估计结果。

表 3-2 揭示了在非理想状况下各估计的估计误差。与理想状况相似的是，当 σ 相对于 s 较大的时候，仍然是 $\hat{s}_4$ 和 $\hat{s}_1$ 具有较小的估计误差。不过，与表 3-1 结论不一致的是，当 σ 相对较小的时候，第二个估计 $\hat{s}_2$ 呈现出非常显著的优势。值得注意的是，尽管 $\hat{s}_3$ 在理想状况下表现非常差，在非理想状况尤其是 σ/s 相对较小的时候，该估计的表现仅次于 $\hat{s}_2$。

二、*RMSE* 随 s 和 σ 的变化趋势

为了更直观地比较并展示六种价差估计的性质，与第二章类似，本章也给出了 6 种估计的 *RMSE* 分别随着波动率 σ 以及买卖价差 s 变化的图形。在随后的模拟研究中，图 3-3 和图 3-4 首先固定 σ，图 3-3 给出的是估计的样本大小固定设为 $n=21$，当 σ 分别固定为 0.005、0.03、0.05 和 0.1 时，6 种估计的 *RMSE* 随着 s 变化的情形。与之对应，图 3-4 展示的则是估计的样本大小 n 分别选为 21、63、126 和 252 时，同时 σ 固定为 0.05 的时候，6 种估计的 *RMSE* 随着 s 变化的趋势。模拟次数均为 10 000。

类似地，图 3-5 和图 3-6 分别展示了理想状况下 6 种估计的估计误差随波动率变化的趋势。图 3-5 中 s 分别取为 0.001、0.005、0.01 和 0.05，$n=21$；图 3-6中不失一般性，取 $s=0.01$，此时样本量 n 分别设为 21、63、126、252。

此外，为了考察非理想状况下 6 种 High-Low 估计的表现，图 3-7 和图 3-8 展示了不同状况下 6 种估计的估计误差随有效价差或波动率变化的趋势。图 3-7 中分别给出了当 σ 固定为 0.05 时，在理想状况、考虑隔夜收益率、考虑隔

表 3-2　非理想条件下 6 种 High-Low 估计的比较结果

σ/s		HL	HL1	HL2	HL3	HL4	HL5	HL	HL1	HL2	HL3	HL4	HL5
Panel A　考虑隔夜收益率													
		$\sigma=0.03$						$\sigma=0.05$					
0.2	*RMSE*	1.501	1.422	0.879	1.381	1.346	1.537	2.470	2.350	1.397	2.118	2.213	2.540
	MAE	1.264	1.193	0.675	1.061	1.128	1.286	2.100	1.994	1.096	1.657	1.874	2.147
	NegNum	0.000	0.000	0.000	0.000	0.000	0.000	0.000	0.000	0.000	0.000	0.000	0.000
0.5	*RMSE*	1.525	1.424	0.793	1.275	1.295	1.659	2.487	2.316	1.332	2.095	2.109	2.703
	MAE	1.297	1.212	0.626	1.006	1.095	1.403	2.075	1.925	1.051	1.648	1.741	2.241
	NegNum	0.000	0.000	0.000	0.001	0.000	0.000	0.000	0.000	0.000	0.000	0.000	0.000
1	*RMSE*	1.467	1.373	0.845	1.264	1.239	1.641	2.574	2.414	1.302	2.058	2.156	2.884
	MAE	1.261	1.176	0.660	1.022	1.047	1.417	2.201	2.053	1.027	1.647	1.821	2.476
	NegNum	0.028	0.026	0.006	0.020	0.006	0.062	0.039	0.020	0.000	0.017	0.007	0.095
2	*RMSE*	1.142	1.112	0.751	1.053	1.039	1.219	1.881	1.828	1.243	1.766	1.711	1.997
	MAE	1.037	1.003	0.611	0.893	0.919	1.127	1.687	1.633	1.012	1.491	1.494	1.829
	NegNum	0.347	0.322	0.054	0.141	0.253	0.464	0.351	0.303	0.061	0.147	0.236	0.449
5	*RMSE*	0.562	0.552	0.555	0.875	0.544	0.575	0.924	0.917	0.940	1.353	0.895	0.958
	MAE	0.536	0.528	0.474	0.696	0.515	0.550	0.877	0.875	0.789	1.083	0.843	0.915
	NegNum	0.742	0.728	0.274	0.356	0.691	0.778	0.722	0.724	0.280	0.328	0.669	0.785
10	*RMSE*	0.317	0.306	0.478	0.813	0.305	0.324	0.525	0.502	0.782	1.390	0.509	0.533
	MAE	0.295	0.291	0.371	0.590	0.287	0.303	0.492	0.481	0.620	1.006	0.483	0.498
	NegNum	0.839	0.854	0.395	0.396	0.806	0.879	0.814	0.832	0.417	0.422	0.792	0.850

续表

σ/s		HL	HL1	HL2	HL3	HL4	HL5	HL	HL1	HL2	HL3	HL4	HL5
Panel B 考虑隔夜收益率且价格被观测到的概率为 50%													
		σ=0.03						σ=0.05					
0.2	*RMSE*	1.480	1.409	0.883	1.295	1.335	1.513	2.526	2.414	1.636	2.306	2.293	2.576
	MAE	1.244	1.183	0.690	1.007	1.120	1.264	2.144	2.043	1.255	1.827	1.939	2.173
	NegNum	0.000	0.000	0.000	0.000	0.000	0.000	0.000	0.000	0.000	0.000	0.000	0.000
0.5	*RMSE*	1.534	1.442	0.884	1.330	1.323	1.654	2.467	2.315	1.503	2.158	2.128	2.653
	MAE	1.301	1.222	0.679	1.026	1.116	1.394	2.084	1.951	1.149	1.699	1.788	2.219
	NegNum	0.000	0.000	0.000	0.001	0.000	0.000	0.000	0.000	0.000	0.000	0.000	0.000
1	*RMSE*	1.478	1.396	0.918	1.264	1.268	1.645	2.493	2.348	1.539	2.136	2.139	2.761
	MAE	1.266	1.193	0.717	1.003	1.076	1.411	2.118	1.992	1.200	1.712	1.806	2.344
	NegNum	0.025	0.011	0.002	0.023	0.003	0.062	0.025	0.017	0.004	0.030	0.006	0.069
2	*RMSE*	1.141	1.116	0.825	1.063	1.056	1.201	1.868	1.837	1.346	1.790	1.725	1.988
	MAE	1.035	1.012	0.675	0.905	0.943	1.101	1.676	1.645	1.107	1.522	1.521	1.809
	NegNum	0.358	0.302	0.113	0.197	0.242	0.448	0.348	0.291	0.096	0.164	0.230	0.440
5	*RMSE*	0.555	0.549	0.541	0.841	0.534	0.573	0.911	0.905	0.897	1.357	0.886	0.938
	MAE	0.527	0.522	0.466	0.683	0.502	0.546	0.862	0.859	0.789	1.102	0.833	0.896
	NegNum	0.693	0.706	0.353	0.355	0.639	0.748	0.688	0.697	0.372	0.389	0.631	0.736
10	*RMSE*	0.314	0.300	0.429	0.729	0.301	0.330	0.547	0.529	0.697	1.312	0.527	0.570
	MAE	0.291	0.286	0.347	0.535	0.283	0.302	0.495	0.494	0.567	0.956	0.487	0.513
	NegNum	1.480	1.409	0.883	1.295	1.335	1.513	2.526	2.414	1.636	2.306	2.293	2.576

续表

σ/s		HL	HL1	HL2	HL3	HL4	HL5	HL	HL1	HL2	HL3	HL4	HL5
Panel C 考虑隔夜收益率且价格被观测到的概率为 10%													
		σ=0.03						σ=0.05					
0.2	*RMSE*	1.854	1.791	1.376	1.596	1.724	1.875	3.016	2.914	2.241	2.628	2.804	3.048
	MAE	1.659	1.604	1.125	1.240	1.547	1.665	2.679	2.590	1.821	2.052	2.496	2.689
	NegNum	0.000	0.000	0.000	0.000	0.000	0.000	0.000	0.000	0.000	0.000	0.000	0.000
0.5	*RMSE*	1.871	1.793	1.378	1.611	1.693	1.962	3.151	3.018	2.286	2.646	2.844	3.314
	MAE	1.670	1.606	1.141	1.237	1.518	1.729	2.833	2.720	1.865	2.071	2.569	2.939
	NegNum	0.000	0.000	0.000	0.001	0.000	0.000	0.000	0.000	0.000	0.002	0.000	0.000
1	*RMSE*	1.806	1.758	1.374	1.501	1.653	1.928	2.970	2.875	2.251	2.555	2.721	3.161
	MAE	1.628	1.591	1.132	1.200	1.492	1.729	2.675	2.603	1.861	2.022	2.448	2.837
	NegNum	0.065	0.046	0.026	0.076	0.031	0.121	0.064	0.045	0.027	0.101	0.024	0.102
2	*RMSE*	1.234	1.245	1.036	1.037	1.203	1.269	2.082	2.101	1.780	1.803	2.044	2.129
	MAE	1.155	1.171	0.907	0.888	1.124	1.189	1.956	1.986	1.563	1.577	1.918	2.000
	NegNum	0.466	0.461	0.234	0.250	0.399	0.539	0.472	0.481	0.287	0.296	0.418	0.544
5	*RMSE*	0.564	0.569	0.534	0.684	0.562	0.566	0.945	0.945	0.898	1.072	0.941	0.956
	MAE	0.547	0.554	0.497	0.589	0.545	0.547	0.915	0.920	0.845	0.944	0.913	0.925
	NegNum	0.797	0.830	0.640	0.527	0.800	0.810	0.797	0.824	0.660	0.530	0.810	0.805
10	*RMSE*	0.325	0.305	0.331	0.540	0.300	0.352	0.530	0.509	0.552	0.977	0.507	0.560
	MAE	0.303	0.292	0.301	0.409	0.289	0.313	0.492	0.484	0.496	0.722	0.482	0.511
	NegNum	0.830	0.867	0.778	0.626	0.850	0.835	0.817	0.860	0.751	0.588	0.829	0.815

夜收益率且价格被观测到的概率为50%、考虑隔夜收益率且价格被观测到的概率为10%的4种情况下，6种High-Low估计随s变化的模拟结果，这里n固定为21。图3-8则绘制了$s=0.01$，$n=21$时，4种情况下6种估计的估计误差随波动率变化的趋势。

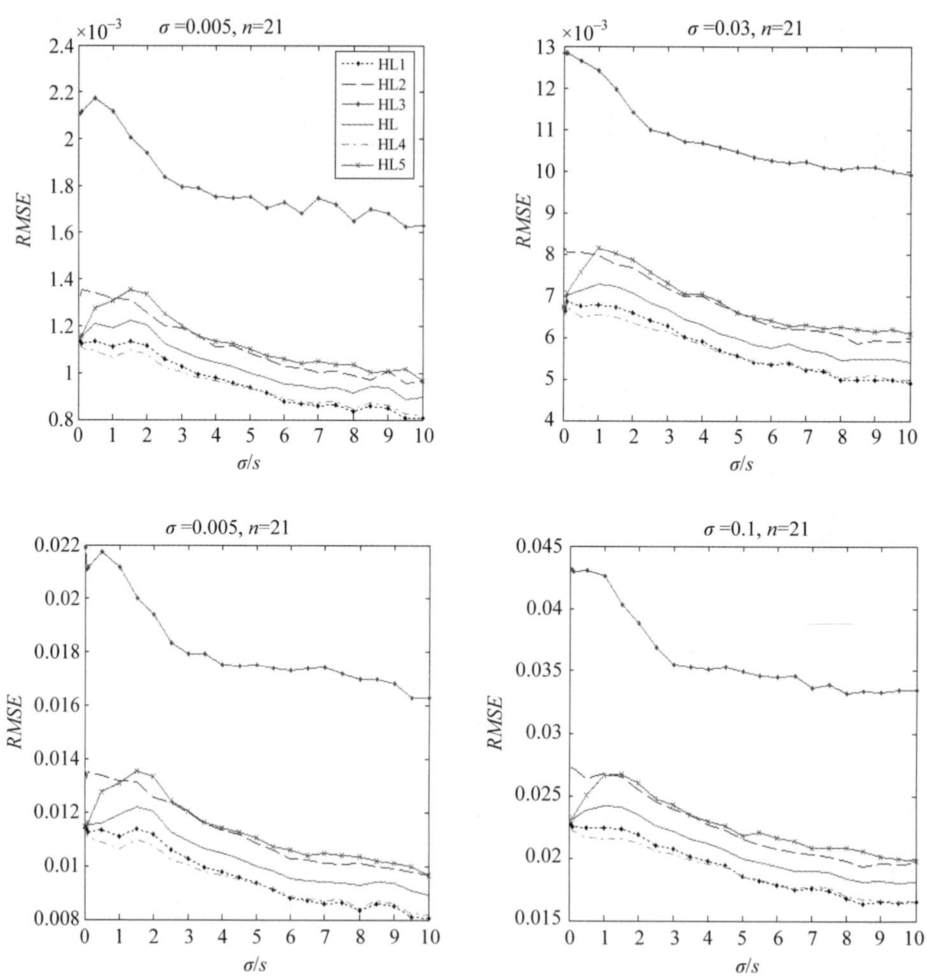

图3-3 理想状况下σ固定时6种High-Low估计的模拟结果，

$\sigma=0.005, 0.03, 0.05, 0.1, n=21$

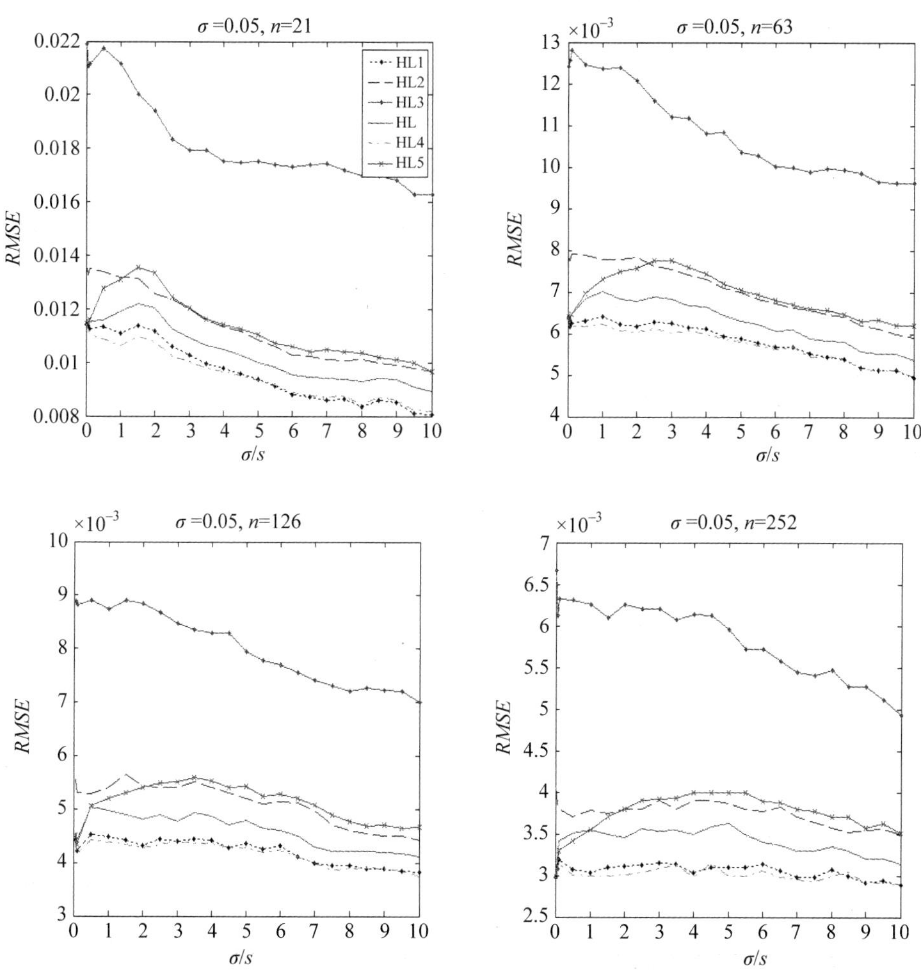

图 3-4　理想状况下当 σ 固定时 6 种 High-Low 估计的模拟结果，

$\sigma=0.05, n=21,63,126,252$

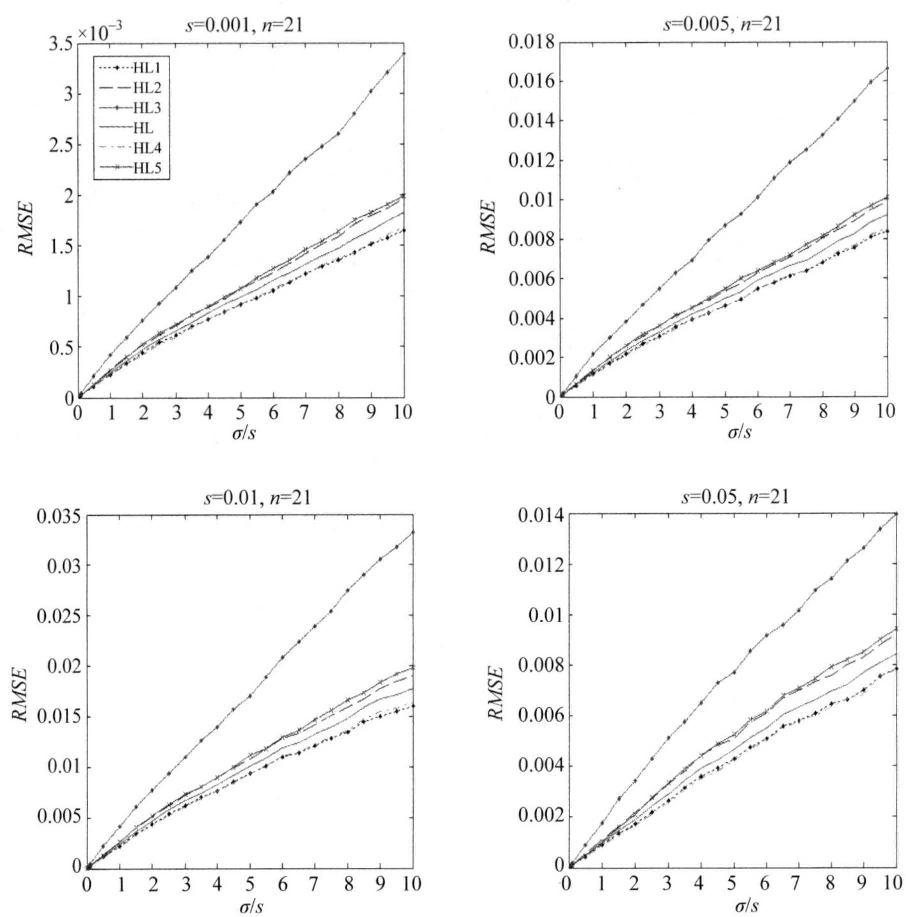

图 3-5　理想状况下当 s 固定时 6 种 High-Low 估计的模拟结果，

$s=0.001, 0.005, 0.01, 0.05, n=21$

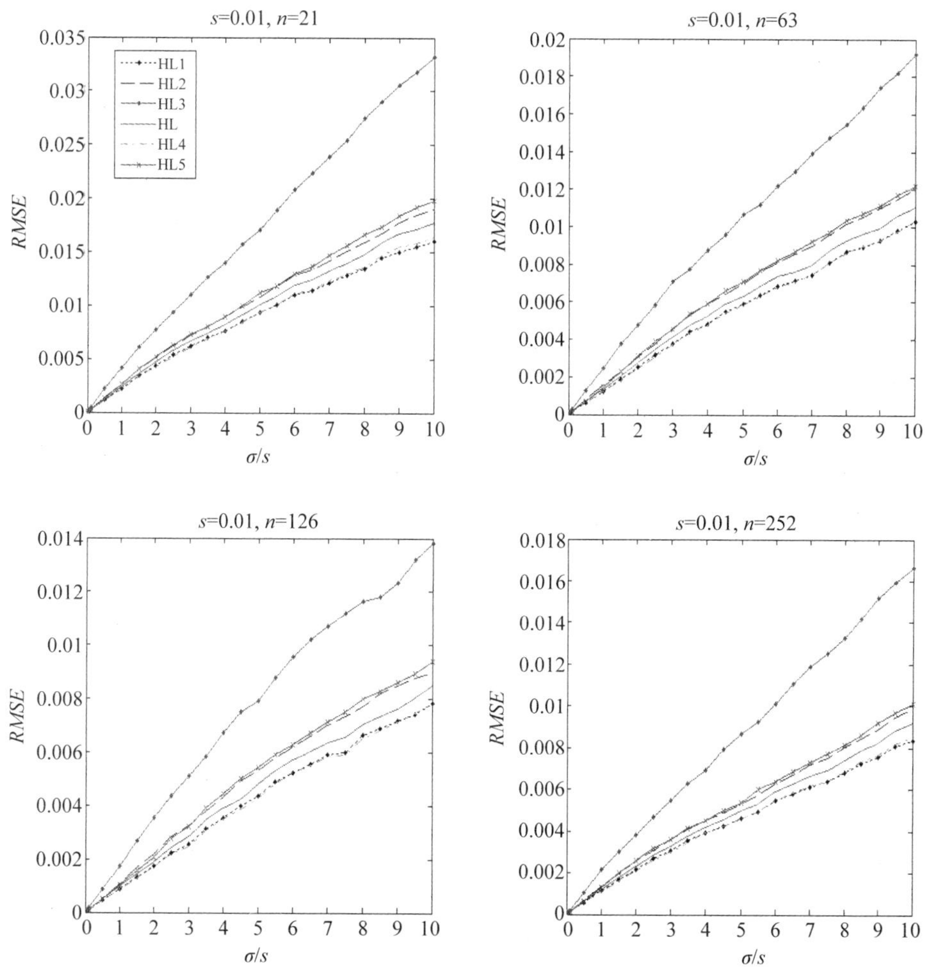

图 3-6　理想状况下当 s 固定时 6 种 High-Low 估计的模拟结果 $s=0.01$, $n=21,63,126,252$

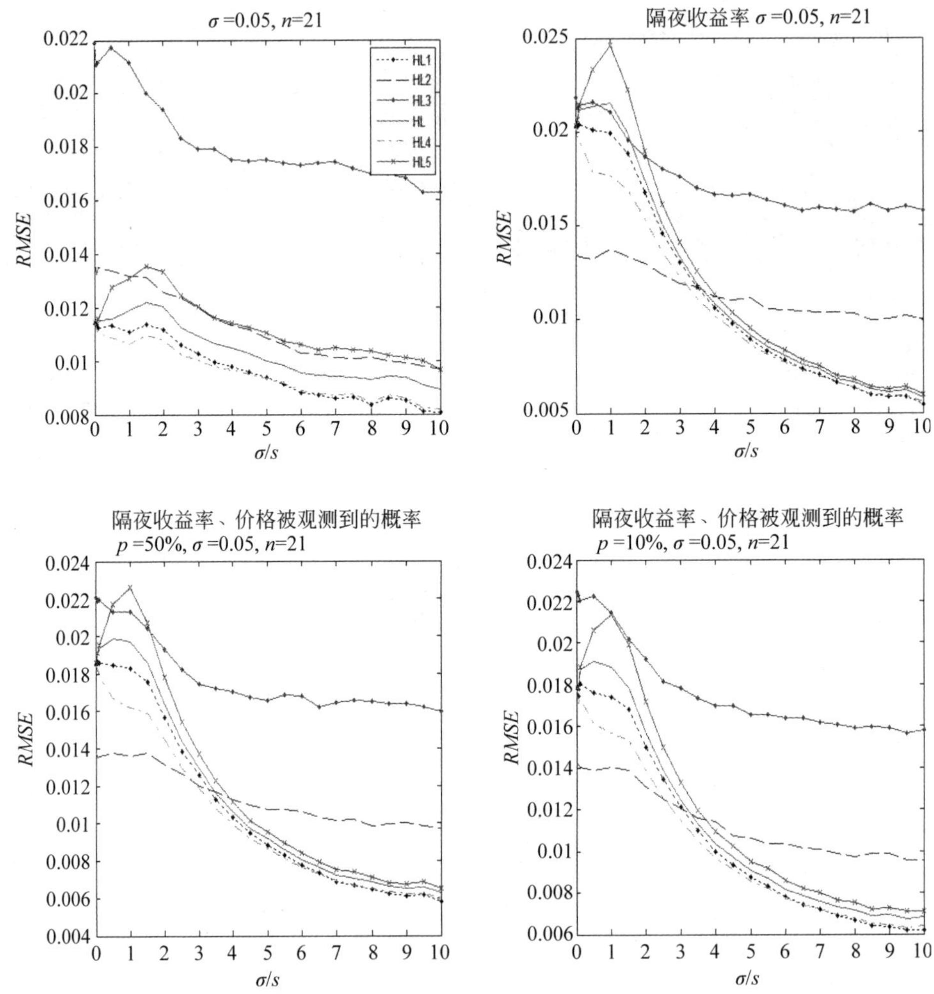

图 3-7 不同状况下当 σ 固定时 6 种 High-Low 估计的模拟结果，$\sigma=0.05$，$n=21$，自上而下、自左至右分别为：理想状况，考虑隔夜收益率，考虑隔夜收益率且价格被观测到的概率为 50%，考虑隔夜收益率且价格被观测到的概率为 10%

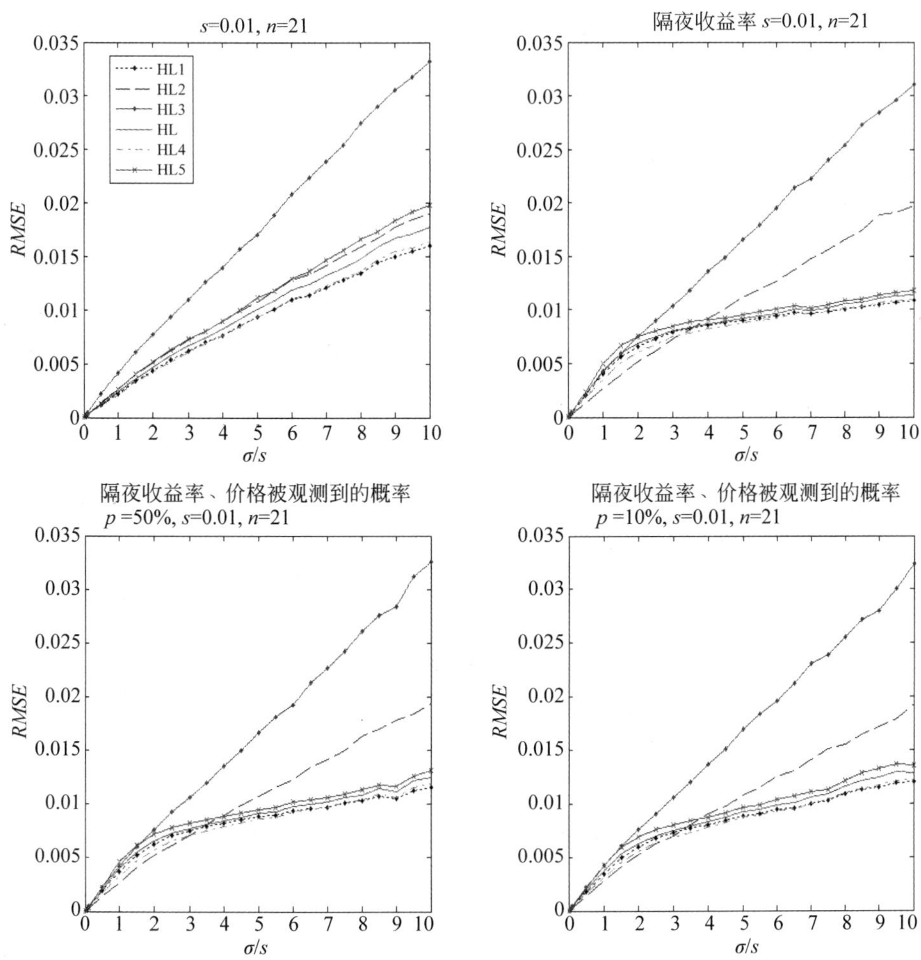

图 3-8 不同状况下当 s 固定时 6 种 High-Low 估计的模拟结果，$s=0.01$，$n=21$，自上而下、自左至右分别为：理想状况，考虑隔夜收益率，考虑隔夜收益率且价格被观测到的概率为 50%，考虑隔夜收益率且价格被观测到的概率为 10%

很显然，$\hat{s}_4$和$\hat{s}_1$在理想状况下或者 σ 较大时的非理想状况下表现最好。但是，当 σ/s 不是特别大时，即使是在非常不理想的状况下$\hat{s}_2$的表现也很稳健。不过，我们需要注意的是，即使在理想的状况下，当 σ/s 比较大的时候，估计 s 也是比较困难的，这是因为当 s 相对于 σ 很小的时候，买卖价差的效应会被真实价格中公共信息的冲击掩盖，并且很难区分开来。

第五节　广义矩估计

众所周知，增加矩条件不会导致矩估计的有效性降低，基于式(1-17)、式(1-18)、式(3-1)和式(3-2)，已经构造6个矩估计，而更进一步地，我们可以继续构造广义矩估计(GMM)。根据上述4个矩条件，我们可以得到5个GMM，其中包括4种由3个矩条件构造的GMM估计和一种由全部4个矩条件构造的GMM估计。下面我们举例说明如何利用式(1-17)、式(1-18)、式(3-1)构造GMM估计

$$\text{Min}_\theta\ \bar{g}_n(\theta)'\boldsymbol{W}\bar{g}_n(\theta) \tag{3-8}$$

其中，$\boldsymbol{W}$ 是权重矩阵，$\theta=(s,\sigma)'$，$\bar{g}_n(\theta)=\begin{pmatrix}\hat{\beta}_1-s-k_1\sigma\\ \hat{\gamma}_1-s^2-2k_1s\sigma-k_2\sigma^2\\ \hat{\gamma}_2-s^2-2\sqrt{2}k_1s\sigma-2k_2\sigma^2\end{pmatrix}$.

最优权重矩阵一般选为 $\boldsymbol{W}=\boldsymbol{\Omega}^{-1}$，其中

$$\boldsymbol{\Omega}=\begin{pmatrix}\text{Var}(\hat{\beta}_1) & \text{Cov}(\hat{\beta}_1,\hat{\gamma}_1) & \text{Cov}(\hat{\beta}_1,\hat{\gamma}_2)\\ \text{Cov}(\hat{\beta}_1,\hat{\gamma}_1) & \text{Var}(\hat{\gamma}_1) & \text{Cov}(\hat{\gamma}_1,\hat{\gamma}_2)\\ \text{Cov}(\hat{\beta}_1,\hat{\gamma}_2) & \text{Cov}(\hat{\gamma}_1,\hat{\gamma}_2) & \text{Var}(\hat{\gamma}_2)\end{pmatrix}=\frac{1}{n}\begin{pmatrix}\sigma_{11,11} & \sigma_{11,12} & \sigma_{12,12}\\ \sigma_{11,12} & \sigma_{11,22} & \sigma_{22,12}\\ \sigma_{12,12} & \sigma_{22,12} & \sigma_{22,22}\end{pmatrix} \tag{3-9}$$

此外，类似于上述矩估计，我们也给出了GMM估计的渐近性质：

$$\hat{s}_{gmm}-s\xrightarrow{d}N(0,(\boldsymbol{G}'\boldsymbol{\Omega}^{-1}\boldsymbol{G})^{-1}), \tag{3-10}$$

其中

$$\boldsymbol{G}=\begin{pmatrix}-1 & -k_1\\ -2s-2k_1s\sigma & -2k_1s-2k_2\sigma\\ -2s-2\sqrt{2}k_1\sigma & -2\sqrt{2}k_1s-4k_2\sigma\end{pmatrix} \tag{3-11}$$

表3-3给出了理想状况下简单矩估计与GMM估计的误差比较结果。实际上，模拟研究的结果表明表3-3中由式(3-1)、式(3-2)、式(1-17)构造的GMM估

计 $\hat{s}_{gmm1}$ 是所有由 3 个矩条件构造的 GMM 估计中表现最优的，因此这里我们忽略掉其余 3 个三条件 GMM 估计。表 3-3 还报告了四条件 GMM 估计 $\hat{s}_{gmm2}$，此外表 3-3 还展示了 $\hat{s}_1$，$\hat{s}_2$，$\hat{s}_4$，$\hat{s}_5$，$\hat{s}_{hl}$，从而与 GMM 估计的效果进行对比。因为 $\hat{s}_3$ 在 6 个矩估计中表现最差，因此在 GMM 估计研究中我们也忽略了 $\hat{s}_3$。不失一般性地，这里取 $s=0.01$，*Panel A* ～ *D* 分别展示了 7 种价差估计在理想状况下的模拟结果，其中 $n=21,63,126,252$。

表 3-3　理想条件下 High-Low 及 GMM 估计的估计误差比较

σ/s		HL	HL1	HL2	HL4	HL5	GMM1	GMM2
					Panel A　$n=21$			
0.2	*RMSE*	0.048	0.046	0.053	0.045	0.049	0.045	0.058
	MAE	0.038	0.036	0.043	0.036	0.038	0.036	0.046
0.5	*RMSE*	0.119	0.112	0.136	0.109	0.126	0.115	0.145
	MAE	0.095	0.090	0.109	0.087	0.100	0.092	0.116
1	*RMSE*	0.240	0.224	0.261	0.215	0.263	0.223	0.289
	MAE	0.193	0.180	0.209	0.174	0.210	0.180	0.228
2	*RMSE*	0.478	0.447	0.514	0.431	0.530	0.452	0.562
	MAE	0.387	0.361	0.418	0.349	0.432	0.364	0.445
5	*RMSE*	1.016	0.946	1.102	0.942	1.098	1.066	1.385
	MAE	0.845	0.785	0.909	0.779	0.911	0.865	1.101
10	*RMSE*	1.830	1.653	2.003	1.684	1.971	2.022	2.666
	MAE	1.401	1.283	1.546	1.317	1.481	1.568	2.044
					Panel B　$n=63$			
0.2	*RMSE*	0.027	0.026	0.031	0.025	0.027	0.024	0.026
	MAE	0.022	0.021	0.025	0.020	0.022	0.019	0.021
0.5	*RMSE*	0.067	0.062	0.079	0.060	0.069	0.059	0.064
	MAE	0.054	0.049	0.063	0.048	0.055	0.047	0.051
1	*RMSE*	0.136	0.124	0.153	0.122	0.144	0.120	0.129
	MAE	0.108	0.099	0.121	0.097	0.114	0.096	0.103
2	*RMSE*	0.271	0.247	0.310	0.241	0.303	0.243	0.265
	MAE	0.216	0.196	0.250	0.193	0.239	0.194	0.211

续表

Panel B $n=63$								
5	*RMSE*	0.641	0.596	0.715	0.588	0.715	0.599	0.654
	MAE	0.531	0.489	0.594	0.482	0.598	0.486	0.526
10	*RMSE*	1.103	1.017	1.196	1.019	1.229	1.063	1.218
	MAE	0.900	0.838	0.973	0.835	1.003	0.867	0.967
Panel C $n=126$								
0.2	*RMSE*	0.019	0.018	0.022	0.018	0.019	0.016	0.017
	MAE	0.015	0.014	0.018	0.014	0.015	0.013	0.014
0.5	*RMSE*	0.049	0.044	0.055	0.044	0.049	0.042	0.042
	MAE	0.039	0.036	0.044	0.035	0.039	0.033	0.034
1	*RMSE*	0.095	0.084	0.106	0.083	0.099	0.079	0.081
	MAE	0.075	0.067	0.085	0.065	0.079	0.064	0.065
2	*RMSE*	0.191	0.170	0.216	0.167	0.210	0.161	0.163
	MAE	0.153	0.136	0.170	0.133	0.168	0.128	0.131
5	*RMSE*	0.439	0.445	0.511	0.494	0.555	0.410	0.422
	MAE	0.396	0.354	0.411	0.347	0.448	0.327	0.333
10	*RMSE*	0.837	0.789	0.992	0.781	0.950	0.816	0.854
	MAE	0.691	0.655	0.827	0.639	0.795	0.667	0.689
Panel D $n=252$								
0.2	*RMSE*	0.014	0.013	0.016	0.012	0.013	0.012	0.012
	MAE	0.011	0.010	0.013	0.010	0.011	0.009	0.009
0.5	*RMSE*	0.036	0.031	0.039	0.030	0.035	0.029	0.029
	MAE	0.029	0.025	0.031	0.024	0.028	0.023	0.023
1	*RMSE*	0.070	0.062	0.078	0.060	0.072	0.058	0.058
	MAE	0.057	0.049	0.063	0.048	0.057	0.047	0.047
2	*RMSE*	0.145	0.126	0.157	0.126	0.153	0.121	0.118
	MAE	0.113	0.099	0.123	0.098	0.121	0.095	0.092
5	*RMSE*	0.336	0.306	0.396	0.297	0.391	0.293	0.293
	MAE	0.266	0.241	0.316	0.235	0.309	0.232	0.233
10	*RMSE*	0.615	0.566	0.654	0.554	0.699	0.527	0.535
	MAE	0.508	0.468	0.540	0.455	0.583	0.426	0.431

从表 3-3 中可以看出，在理想状况下，绝大多数情况下 GMM 估计的表现会优于简单的矩估计，尤其是在 n 很大以及 σ 相对于 s 较小的时候。

表 3-4 中的 *Panel A* ～ *C* 分别报告了在非理想状况下，存在隔夜收益率、存在隔夜收益率并且每分钟观测到价格的概率只有 50%，以及存在隔夜收益率并且每分钟观测到价格的概率只有 10% 等三种情况下，当 $n=21$ 时 7 种估计的估计误差。分析 *Panel A* 至 *Panel C* 可以发现，广义矩估计(GMM)在大部分时候表现最优，尤其是 σ/s 不是很大的时候。然而，尽管理论上增加矩条件不会降低广义矩估计的有效性，但是由于非理想的状况和计算负担的增加，更多的矩条件对于非理想状况下价差的估计并不总是有效的，$\hat{s}_{gmm2}$ 不太理想的表现证实了这一点。

表 3-4　非理想条件下 High-Low 及 GMM 估计的估计误差比较

σ/s		HL	HL1	HL2	HL4	HL5	GMM1	GMM2
Panel A　考虑隔夜收益率								
0.2	*RMSE*	0.080	0.054	0.085	0.075	0.088	0.050	0.057
	MAE	0.066	0.043	0.070	0.061	0.072	0.039	0.045
0.5	*RMSE*	0.200	0.132	0.218	0.181	0.238	0.121	0.138
	MAE	0.162	0.105	0.176	0.145	0.191	0.095	0.109
1	*RMSE*	0.399	0.267	0.432	0.354	0.494	0.245	0.285
	MAE	0.326	0.214	0.355	0.287	0.408	0.195	0.223
2	*RMSE*	0.669	0.510	0.695	0.614	0.756	0.475	0.553
	MAE	0.581	0.417	0.608	0.522	0.676	0.384	0.438
5	*RMSE*	0.897	1.085	0.916	0.874	0.951	1.007	1.285
	MAE	0.836	0.892	0.855	0.802	0.898	0.820	0.993
10	*RMSE*	1.080	2.052	1.138	1.100	1.171	1.929	2.500
	MAE	0.986	1.577	1.020	0.986	1.044	1.459	1.866
Panel B　考虑隔夜收益率且价格被观测到的概率为 50%								
0.2	*RMSE*	0.075	0.055	0.079	0.070	0.081	0.049	0.056
	MAE	0.060	0.044	0.064	0.056	0.065	0.039	0.044

续表

Panel B 考虑隔夜收益率且价格被观测到的概率为50%								
0.5	*RMSE*	0.188	0.137	0.203	0.170	0.221	0.124	0.142
	MAE	0.152	0.109	0.165	0.138	0.179	0.099	0.111
1	*RMSE*	0.373	0.277	0.405	0.334	0.461	0.247	0.283
	MAE	0.304	0.220	0.330	0.269	0.377	0.196	0.223
2	*RMSE*	0.631	0.523	0.658	0.579	0.721	0.483	0.574
	MAE	0.538	0.428	0.565	0.484	0.634	0.389	0.453
5	*RMSE*	0.888	1.088	0.913	0.865	0.958	1.011	1.285
	MAE	0.813	0.893	0.831	0.777	0.885	0.823	1.006
10	*RMSE*	1.161	2.004	1.242	1.186	1.297	1.864	2.490
	MAE	1.015	1.530	1.052	1.016	1.088	1.412	1.835
Panel C 考虑隔夜收益率且价格被观测到的概率为10%								
0.2	*RMSE*	0.071	0.056	0.075	0.067	0.077	0.048	0.057
	MAE	0.057	0.044	0.061	0.054	0.062	0.038	0.044
0.5	*RMSE*	0.178	0.141	0.193	0.163	0.209	0.121	0.142
	MAE	0.145	0.111	0.157	0.132	0.168	0.096	0.110
1	*RMSE*	0.356	0.281	0.386	0.321	0.438	0.246	0.274
	MAE	0.286	0.224	0.311	0.256	0.351	0.195	0.217
2	*RMSE*	0.607	0.535	0.633	0.563	0.690	0.485	0.566
	MAE	0.510	0.439	0.539	0.466	0.599	0.393	0.449
5	*RMSE*	0.880	1.067	0.910	0.855	0.965	0.994	1.253
	MAE	0.796	0.886	0.820	0.761	0.876	0.813	0.975
10	*RMSE*	1.214	1.941	1.326	1.255	1.392	1.837	2.471
	MAE	1.029	1.491	1.091	1.050	1.137	1.397	1.821

图3-9和图3-10展示了GMM估计$\hat{s}_{gmm1}$随σ的变化趋势，由于$\hat{s}_2$对于非理想状况比较稳健，$\hat{s}_{hl}$是由Corwin和Schultz提出的价差估计，$\hat{s}_1$、$\hat{s}_4$是理论上具有最优估计精度的估计，因此图3-9给出了理想状况下当$s=0.01$，$n=21$、63、126、252时，$\hat{s}_1$，$\hat{s}_2$，$\hat{s}_4$，$\hat{s}_{hl}$和$\hat{s}_{gmm1}$五种估计RMSE的变化趋势。图3-10呈现了上

述提到的理想或非理想状况下$\hat{s}_1$，$\hat{s}_2$，$\hat{s}_4$，$\hat{s}_{hl}$ 及$\hat{s}_{gmm1}$的均方误差趋势。图 3-9 和图 3-10 均说明了不论在理想还是非理想条件下，$\hat{s}_{gmm1}$的表现都很理想。更细致地分析可以发现，与第三小节理论结果一致，理想状况下$\hat{s}_{gmm1}$和$\hat{s}_4$（$\hat{s}_1$）的差距非常小；非理想状况下$\hat{s}_{gmm1}$ 与$\hat{s}_2$ 之间非常相近，这也证实了前文所提到的非理想状况下$\hat{s}_2$确实是比较稳健的估计。

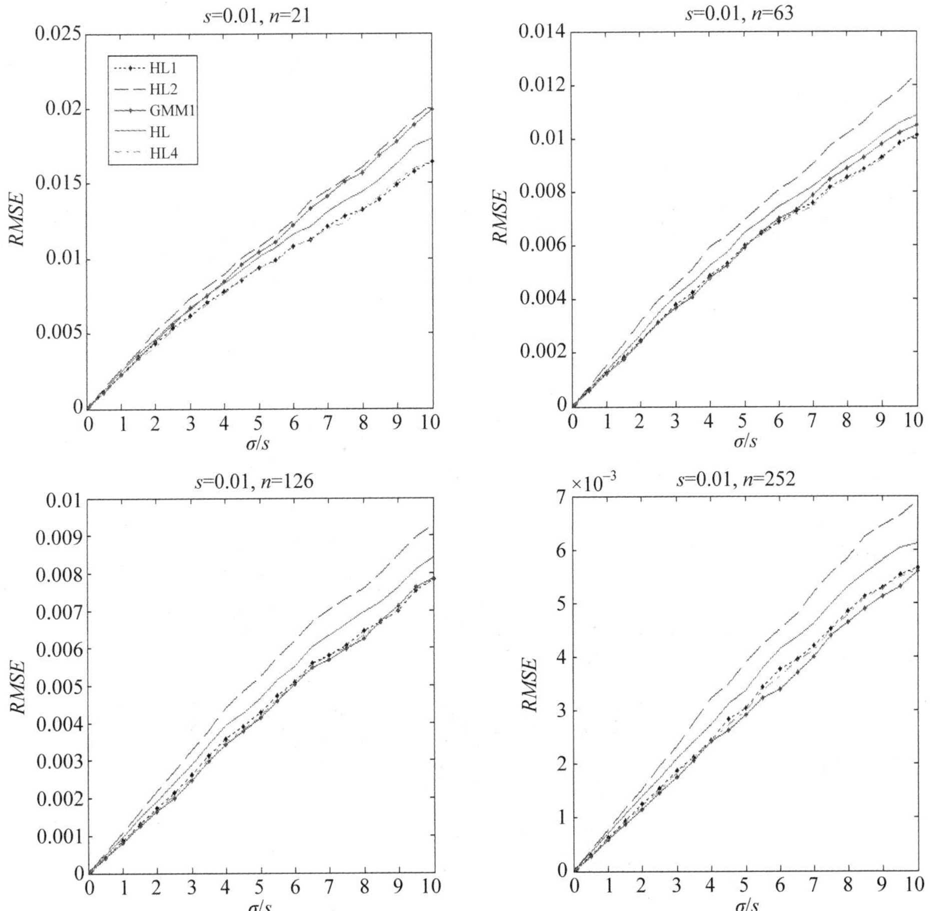

图 3-9　理想状况下 $\hat{s}_1$，$\hat{s}_2$，$\hat{s}_4$，$\hat{s}_{hl}$和$\hat{s}_{gmm1}$的模拟结果比较，$s=0.01$，$n=21$、63、126、252

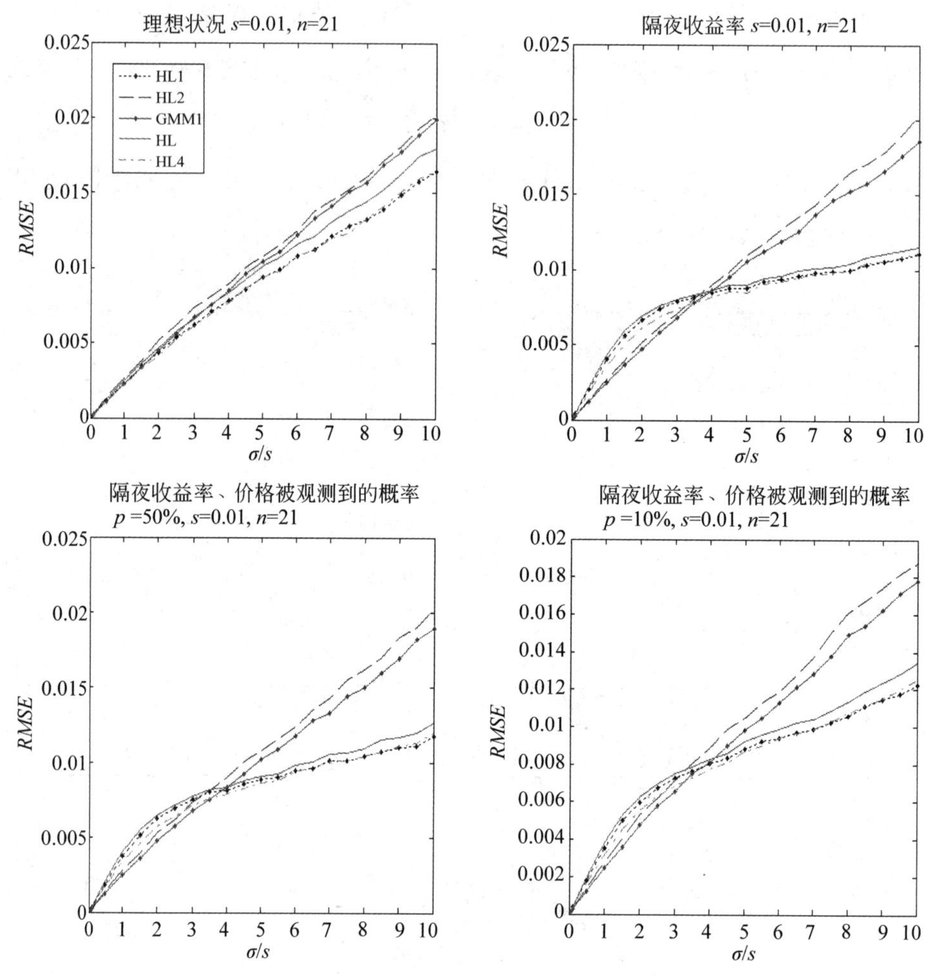

图 3-10　不同状况下 $\hat{s}_1,\hat{s}_2,\hat{s}_4,\hat{s}_{hl}$ 和 $\hat{s}_{gmm1}$ 的模拟结果比较

第六节　结　　论

本章在 Roll 价格模型和 Corwin 和 Schultz 提出的 High-Low 估计的基础上，根据 4 个矩条件又提出 5 个新的 High-Low 估计，并且分别从理论上研究了包括 Corwin 和 Schultz 所提估计在内的 6 种有效价差 High-Low 估计的偏差和均方误差以及相合性和渐近正态性等问题，通过直接比较其渐近行为在理论上得出了 Corwin 和 Schultz 的估计并不是最优的 High-Low 估计的结论。此外，随机模拟的结果也对上述结论做了进一步的印证。更进一步地，本书也提出了 GMM 估计，并且通过随机模拟验证了 GMM 估计的有效性。本章从最高价、最低价的角度启发我们基于价格极差提出新的有效价差的估计，除了矩估计、GMM 估计之外，也可以提出类似于极大似然估计、Bayes 估计等新的价差估计，下一章本书将介绍基于价格极差的有效价差的极大似然估计。

第四章 有效价差的极大似然估计

第一节 引 言

前面两章已经介绍 Corwin 和 Schultz(2012)利用日内价格的最高价和最低价的差值即价格极差的性质提出的估计有效价差的 High-Low 方法。该文献通过数值随机模拟或者基于具体数据的实证分析,指出这种新的基于价格极差的估计方法与高频基准价差间的相关系数高于 Roll 协方差估计等方法相对应的结果。第二章研究了 High-Low 估计的统计性质,直接从理论上比较其与 Roll 估计的估计精度误差,得出前者估计精度优于后者的结论。第三章在该文献的基础上基于日最高价和最低价提出新的价差矩估计及广义矩估计等。从方法上看,无论是 Corwin 和 Schultz 所提出的 High-Low 估计,还是第三章中介绍的新的基于价格极差的 High-Low 估计等,都只是利用价格极差的几种矩条件,实质上还是一个矩估计。本章则利用价格价差的对数近似服从正态分布的性质,提出一种新的有效价差估计的拟极大似然估计方法。虽然 Feller (1951) 和 Parkinson(1980)给出了标准布朗运动过程极差的具体的密度函数,但是由于该函数形式过于复杂,直接利用其进行极大似然估计比较困难。因此考虑到极差对数的分布非常接近正态分布,本章将借助正态分布构造拟似然函数,从而提出有效价差的拟似然估计。Alizadeh 等(2002)曾采用类似的方法基于拟似然估计方法估计了随机波动率模型中的参数。此外,本章还采用遗传算法进行拟似然函数的优化。为了考察本章提出的拟似然估计的效果,本章还通过随机数值模拟对拟似然估计与 Roll 协方差估计、基于 Gibbs 抽样的贝叶斯(Bayes)估计、Corwin 和 Schultz(2012)提出的 High-Low 估计等四种基于 Roll 价格模型的价差估计方法的均方误差和平均绝对偏差进行比较。模拟的结果表明,无论是在交易连续进行的理想状态还是非理想状态，即存在隔夜收益率以及价格不能被完全观测到的情况下，拟极大似然估计与 High-Low 估计的精度均高于 Roll 估计和 Bayes 估计；而当波动率相对买卖价差比较小的时候，拟极大似然估计的精度比 High-Low 估计更高。此外，在非理想状态下，与 High-Low 估计相比，拟似然估计要更加稳健一些。

本章随后的结构安排如下：第二节给出基于遗传算法的拟极大似然估计方法；第三节给出极大似然估计的渐近性质；第四节则针对 Roll 估计、Bayes 估计以及 High-Low 估计和本章的极大似然估计的精度通过随机模拟进行比较；最后的结论由第五节给出。同样地，第五章和第六章将给出包含极大似然估计在内的多种有效价差估计的实证分析。

第二节　极大似然估计

容易看出，不管是 Roll 的估计式(1-4)还是 High-Low 的估计式(1-20)都是矩估计。根据式(1-14)以及 Feller(1951)和 Parkinson(1980)等给出的具有零漂移项的布朗过程极差的密度函数，我们可以考虑对 s 和 σ 进行极大似然估计。

根据 Feller(1951)所给出的布朗过程极差的密度函数，可以得到真实价格极差 R_t 的密度函数具有如下形式：

$$f(r_t) = 8\sum_{k=1}^{\infty}(-1)^{k-1}\frac{k^2}{\sigma}\varphi\left(\frac{kr_t}{\sigma}\right) = \frac{4\sqrt{2}}{\sqrt{\pi}}\frac{1}{\sigma}\sum_{k=1}^{\infty}(-1)^{k-1}k^2\exp\left(-\frac{k^2 r_t^{\ 2}}{2\sigma^2}\right) \tag{4-1}$$

由 $R_t^o = R_t + s$，于是观测到的价格极差 R_t^o 的密度函数为

$$f(r_t^o) = \frac{4\sqrt{2}}{\sqrt{\pi}}\frac{1}{\sigma}\sum_{k=1}^{\infty}(-1)^{k-1}k^2\exp\left[-\frac{k^2\ (r_t^o - s)^2}{2\sigma^2}\right] \tag{4-2}$$

显然，上述密度函数的形式不仅过于复杂，而且在具体问题的计算过程也必须对无穷级数进行截断处理，从而难以得到似然函数的精确值，计算结果难免受截取项数的影响。因此，通过直接优化似然函数得出极大似然估计值存在着一定的困难。

通过式(4-1)容易推出真实价格极差的对数 $L_t = \ln R_t$ 的密度函数为

$$f(l_t) = \frac{4\sqrt{2}}{\sqrt{\pi}} \frac{1}{\sigma} \sum_{k=1}^{\infty} (-1)^{k-1} k^2 e^{l_t} \exp\left(-\frac{k^2 e^{l_t^2}}{2\sigma^2}\right) \tag{4-3}$$

Alizadeh 等(2002)曾经指出，极差的对数可以近似地看作服从正态分布。图 4-1(b)给出了 $\sigma=1$ 时所对应的极差对数的密度函数图形，其中的虚线对应的是正态分布 $N(0.425, 0.292^2)$的曲线，不难看出，两者在图形上是非常接近的。Alizadeh 等(2002)利用了两者的相似性，提出了随机波动率模型参数估计的一种近似极大似然估计方法。

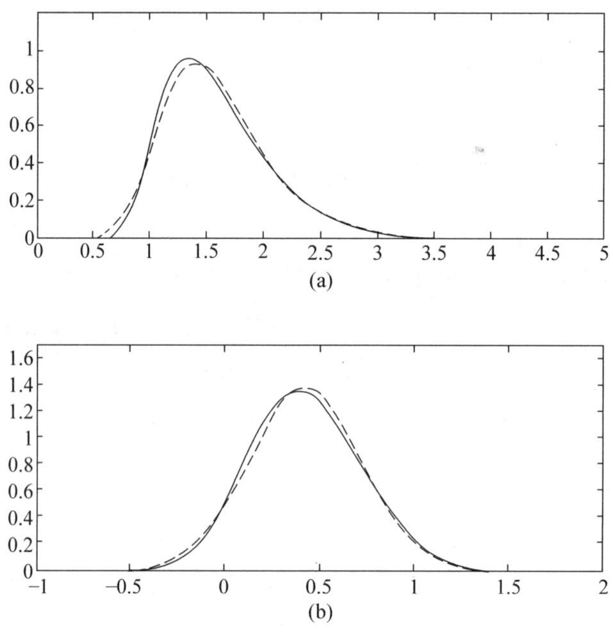

图 4-1 价格极差及其对数的密度函数曲线。

(a) 中实线为价格极差的密度函数，虚线为对应的对数正态分布曲线；

(b) 中实线为极差的对数的密度函数，虚线为对应的正态分布曲线

我们借用这一思路来考虑买卖价差的似然估计。具体来说，不妨假设对数极差服从正态分布 $\ln R_t \sim N(\mu_l, \sigma_l^2)$，对应地，极差服从对数正态分布 $R_t \sim LN(\mu_l, \sigma_l^2)$。为了得到 μ_l 和 σ_l，设对应的前两阶矩满足

$$\begin{cases} ER_t = e^{\mu_l+\sigma_l^2/2} = k_1\sigma, \\ ER_t^2 = e^{2\mu_l+2\sigma_l^2} = k_2\sigma^2. \end{cases} \tag{4-4}$$

求解方程式(4-4),得出

$$\mu_l = \ln\frac{k_1^2\sigma}{\sqrt{k_2}} \approx 0.425 + \ln\sigma, \quad \sigma_l = \sqrt{\ln\frac{k_2}{k_1^2}} \approx 0.292 \tag{4-5}$$

显然,这和 Alizadeh 等(2002)直接给出的极差对数的均值和标准差是一致的。于是,价格极差的密度函数可以近似地用如下形式的对数正态函数来近似

$$\tilde{f}(r_t) = \frac{1}{\sqrt{2\pi}\times 0.292}\frac{1}{r_t}\exp\left\{-\frac{(\ln r_t - 0.425 - \ln\sigma)^2}{2\times 0.292^2}\right\} \tag{4-6}$$

图 4-1(a)给出了 $\sigma=1$ 时 R_t 的密度函数(实线)和对数正态分布(虚线)的图形,显然,两者在图形上看也是非常接近的。基于上式可以得到观测价格极差的近似密度函数 $\tilde{f}(r_t^o-s)$,从而进一步得到近似的似然函数为

$$\tilde{L}(s,\sigma) = \prod_{t=1}^{n}\frac{1}{\sqrt{2\pi}\times 0.292}\frac{1}{R_t^o - s}\exp\left\{-\frac{[\ln(R_t^o - s) - 0.425 - \ln\sigma]^2}{2\times 0.292^2}\right\} \tag{4-7}$$

对应的对数似然函数为

$$\tilde{\ell}(s,\sigma) = c - \sum_{t=1}^{n}[\ln(R_t^o - s) + 5.86\times(\ln(R_t^o - s) - 0.425 - \ln\sigma)^2] \tag{4-8}$$

其中,c 是常数。极大化上述似然函数即可给出有效价差 s 的一种(近似/拟)极大似然估计。

尽管这里的似然函数是对数正态的近似,但是所采用的一阶和二阶矩都是真实的。按照 White(1994),式(4-8)可以称为拟似然函数,因此,严格地说通过极大化式(4-8)而得到的估计应该是一种拟极大似然估计(Quasi Maximum likelihood estimator,QMLE)。

另外,在具体计算极大似然估计的过程中,本书采用了遗传算法(genetic algorithm)来对似然函数式(4-8)进行优化。关于遗传算法的原理及技术细节,可以参照比如 Goldberg(1989)等有关文献。

第三节 理论性质

本节主要给出有效价差极大似然估计的渐近性质——相合性和渐近正态性。

定理 4.1 设$\theta=(s,\sigma)^{\mathrm{T}}$，其参数空间为$\Theta=(0,\infty)\times(0,\infty)$，在式(1-1)的假设下，存在$\theta^*=(s^*,\sigma^*)^{\mathrm{T}}=\arg\max\limits_{\theta\in\Theta}E_f[\ln\widetilde{f}(X;\theta)]$，使得

(1) $\begin{pmatrix}\hat{s}_{QMLE}\\ \hat{\sigma}_{QMLE}\end{pmatrix}\xrightarrow{p}\begin{pmatrix}s^*\\ \sigma^*\end{pmatrix}$

(2) $\sqrt{n}\begin{pmatrix}\hat{s}_{QMLE}-s^*\\ \hat{\sigma}_{QMLE}-\sigma^*\end{pmatrix}\xrightarrow{d}N\left(0,\sigma^2\begin{pmatrix}1.2483 & -0.9250\\ -0.9250 & 0.7659\end{pmatrix}\right)$

由于上述定理中极大似然估计收敛于$\theta^*=(s^*,\sigma^*)^{\mathrm{T}}$而非真实参数$\theta_0=(s_0,\sigma_0)^{\mathrm{T}}$，因此定理 4.2 给出$\theta^*$和$\theta_0$之间的差距。

定理 4.2 在式(1-1)的假设下，我们有

(1) $s^*-s_0\approx-0.0571\sigma_0$

(2) $\sigma^*-\sigma_0\approx0.0388\sigma_0$

第四节 模拟研究

本节通过数值模拟的方法对基于价格式(1-1)的有效价差的 4 种估计，包括 Roll 的协方差估计、贝叶斯估计、High-Low 估计以及本书提出的极大似然估计(MLE)，在有限样本下的估计误差进行比较，从而考察极大似然估计的效果。模拟的设置分成两种情形：一种是假定每天的交易是连续不间断进行的理想状态；另一种则是考虑存在隔夜波动率或者交易不频繁时的情形。此外，模拟的过程还进一步考虑了价差 s 及波动率 σ 的变化对估计效果的影响。

一、理想状况下误差变化

模拟的过程采取与 Corwin 和 Schultz(2012)相似的设置。具体来说，为了

产生股票的真实价格，设定其初始价格为 100 美元，每天的交易时间设为 330 分钟，即 5.5 个小时，每秒钟股票的真实价格由 $P_m = P_{m-1}\exp(x \cdot \sigma/\sqrt{19\ 800})$ 给出，其中 $m=1,2,\cdots,19\ 800$，$\{X_m\}$ 是服从标准正态分布的独立同分布序列，σ 是一天的波动率。相应的观测价格则由 $P_m^o = P_m\exp[(s/2)\cdot Q_m]$ 给出，其中 $\{Q_m\}$ 是等概率地取 1 和 −1 的独立同分布的 Bernoulli 随机序列。因此 $P_{19\ 800}^o$ 给出该交易日观测的收盘价，而当天的最高价和最低价则分别由 P_m^o，$m=1,2,\cdots,19\ 800$ 的最大值和最小值给出。

首先考察的是理想状态的情形。此时假定每天的交易是连续进行的，即将一个交易日真实的收盘价格作为下一个交易日的真实的初始价格，依次产生连续 n 个交易日的价格数据，σ/s 则分别设为 0.2、0.5、1、2、3、5 以及 10 等几种不同的情况。

需要注意的是，虽然 Roll 的估计和 High-Low 估计原则上分别按照式(1-4)和式(1-20)给出，但是，对于具体的样本数据，得到的观测价格差分序列的样本自协方差函数可能会是正数，此时依据式(1-4)无法给出有效价差的估计。按照以往文献和前两章的处理方式，本书将此时 Roll 的估计设为 $\hat{s}_{roll}=0$；类似地，如果按照式(1-20)得到的有效价差值为负数，也将此次估计设为 $\hat{s}_{hl}=0$.

表 4-1 给出了在上述理想状况下 4 种有效价差估计的 *RMSE* 和 *MAE*，其中 s 分别取为 0.005，0.05 以及 0.1，样本量 n 固定为 21，即相当于利用日度数据来估计一个月里的买卖价差时用到的样本量，4 种有效价差估计的 *RMSE* 和 *MAE* 如表 4-1 所示。

表 4-1 的结果显示，在不同的参数设置下，Roll 的估计总是具有更大的 *RMSE* 和 *MAE*，意味着协方差估计的效果是最差的；相比之下，贝叶斯估计的精度在绝大多数情况下，尤其是在 σ 相对于 s 较小的时候，高于 Roll 的估计。Hasbrouck(2004，2009)曾经指出，Gibbs 抽样估计在 σ 相对于 s 较小并且样本量较大的时候会表现得比较理想，因此这里表 4-1 以及随后的表 4-2(样本容量变化时)所揭示出来贝叶斯估计的规律与 Hasbrouck 的结论是吻合的。不过显然贝叶斯估计的精度一般都低于 High-Low 估计以及 MLE，这也印证了通过极差来估计有效价差比只利用收盘价估计价差更加有效。对于 High-Low 估计和

MLE,当 σ 相对于 s 较小的时候,MLE 的精度会稍微优于 High-Low 估计,而随着 σ 的增大,High-Low 的估计精度变得比 MLE 更高。

表 4-1 理想状况下 4 种有效价差估计的误差比较(n 固定取为 21)

Panel A s=0.005					
σ/s		Roll	Bayes	HL	MLE
0.2	*RMSE*	0.147 1	0.039 3	0.024 5	0.023 8
	MAE	0.113 1	0.028 5	0.019 6	0.018 5
0.5	*RMSE*	0.188 6	0.121 6	0.060 6	0.057 1
	MAE	0.143 4	0.107 2	0.047 1	0.045 4
1	*RMSE*	0.292 4	0.192 1	0.121 1	0.119 0
	MAE	0.237 6	0.135 2	0.098 5	0.091 3
2	*RMSE*	0.531 2	0.379 1	0.229 8	0.234 6
	MAE	0.466 1	0.305 9	0.185 5	0.192 2
3	*RMSE*	0.786 3	0.695 3	0.324 7	0.363 0
	MAE	0.664 4	0.589 6	0.267 9	0.282 0
5	*RMSE*	1.424 6	1.395 3	0.507 9	0.528 9
	MAE	1.151 9	1.071 6	0.418 2	0.424 4
10	*RMSE*	2.774 4	3.007 5	0.868 2	1.064 9
	MAE	2.364 9	2.803 0	0.675 0	0.828 6
Panel B s=0.05					
		Roll	Bayes	HL	MLE
0.2	*RMSE*	1.506 5	0.373 9	0.235 1	0.223 7
	MAE	1.134 3	0.285 2	0.187 4	0.179 4
0.5	*RMSE*	1.817 9	1.247 1	0.597 4	0.558 8
	MAE	1.382 8	0.988 5	0.481 9	0.439 9
1	*RMSE*	3.251 1	1.414 1	1.201 5	1.126 0
	MAE	2.733 1	1.128 3	0.964 7	0.893 6

续表

Panel B s=0.05					
σ/s		Roll	Bayes	HL	MLE
2	*RMSE*	5.109 6	3.607 8	2.436 3	2.327 6
	MAE	4.508 5	2.761 1	1.953 5	1.888 3
3	*RMSE*	7.823 6	6.621 0	3.401 9	3.374 3
	MAE	6.557 0	5.741 2	2.840 7	2.812 0
5	*RMSE*	13.840	12.344	4.745 3	5.237 6
	MAE	11.231	11.019	3.934 0	4.295 6
10	*RMSE*	29.010	30.853	8.866 5	9.443 0
	MAE	26.982	28.870	6.857 0	7.107 4
Panel C s=0.1					
		Roll	Bayes	HL	MLE
0.2	*RMSE*	2.988 3	0.782 0	0.466 7	0.444 3
	MAE	2.301 8	0.559 0	0.367 0	0.350 8
0.5	*RMSE*	3.732 4	2.407 4	1.198 2	1.145 6
	MAE	2.826 6	1.970 8	0.964 5	0.897 9
1	*RMSE*	5.916 5	3.112 7	2.474 8	2.587 8
	MAE	4.797 5	2.489 3	1.956 8	1.921 0
2	*RMSE*	10.374	7.090 6	4.523 3	4.532 5
	MAE	9.118 4	5.517 0	3.672 8	3.609 5
3	*RMSE*	15.233	13.320	6.570 5	6.987 6
	MAE	13.064	11.534	5.451 4	5.526 0
5	*RMSE*	27.099	25.575	10.349	10.721
	MAE	23.678	22.125	8.602 3	8.617 9
10	*RMSE*	60.831	62.332	18.169	19.734
	MAE	51.810	50.542	14.026	15.255

注：*RMSE* 和 *MAE* 均乘以 10^{-2}，以下表格均作此处理。

图 4-2 给出了根据 Hasbrouck 的 crspgibbs2009v01. sas7bdat 数据集中的

年度波动率(σ)与有效价差(s)计算的比值 $p=\sigma/s$ 的分布图。crspgibbs2009v01 数据集包含 Hasbrouck(2009)基于贝叶斯有效价差估计方法计算的 CRSP 和 TAQ 数据库中 1926—2009 年 28239 只股票共 360792 个观测的年度波动率(σ)与有效价差(s)以及其他相关指标。从图 4-2 可以看出,$p=\sigma/s$ 绝大部分落于 7 之前,而且其中很大一部分比例位于 $p=3$ 之前,也正是 MLE 的估计效果优于 High-Low 估计的范围,说明 MLE 在实际应用中是一个值得考虑的估计。

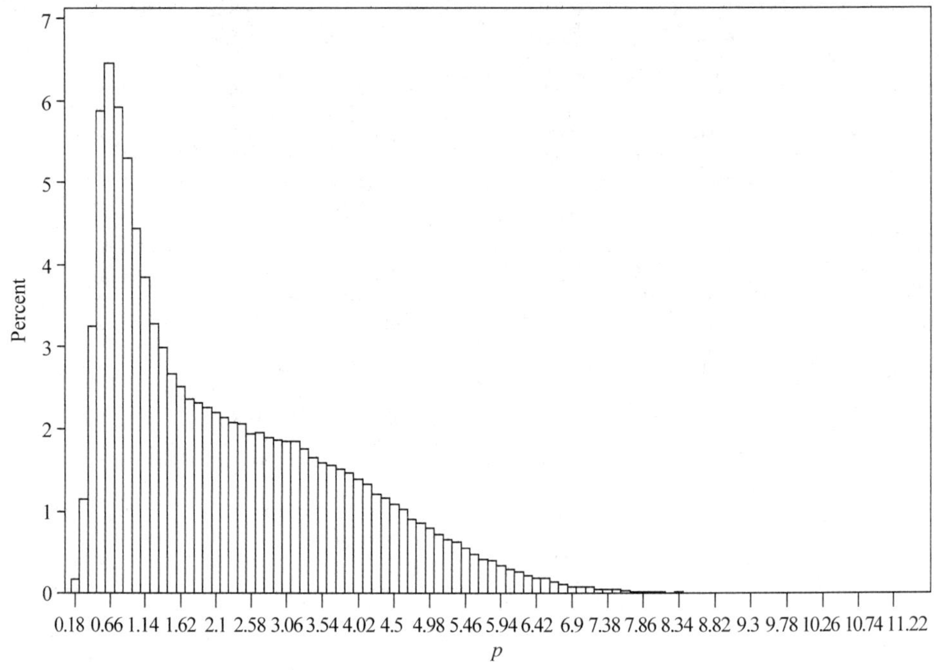

图 4-2 σ 与 s 的比值 p 的分布图实例,来源于 Hasbrouck 的 crspGibbs2009 v01. sas7bdat 数据集,该数据集包含采用 CRSP 和 TAQ 数据库计算的 1926—2009 年 28239 只股票共 360 792 个观测的波动率(σ)与有效价差(s)

另外,对表 4-1 更加细致的分析还能够看出,当 s 固定时,随着 σ 的减少,4 种估计都会变得更加准确;而对于一样的 σ/s 值,估计的误差与 s 几乎成正比,即随着 s 的变化,均方根误差或者平均绝对误差与 s 的比值基本保持一致。因此在随后的分析中,不失一般性地,我们将 s 固定地取为 0.01。

接下来，我们考察样本大小对于 4 种估计方法估计精度的影响。表 4-2 给出了当 s 取为 0.01，样本量大小分别取为 21、63 以及 252 时 4 种估计的 *RMSE* 和 *MAE*。这三种设置分别对应采用 1 个月、1 个季度以及 1 年的日度数据估计有效价差时的样本大小。

表 4-2 的结果显示出，在不同的样本大小下，High-Low 估计以及 MLE 的估计精度均高于 Roll 和 Bayes 估计，而且随着样本的增大，4 种估计的精度都有明显的增加。此外，随着样本大小的改变，依然是 MLE 的估计精度在 σ 相对于 s 较小的时候高于 High-Low 的估计，而随着 σ 的增大，High-Low 的估计精度变得更高。不过值得注意的是，当样本量比较大的时候，无论 σ/s 取值范围如何，High-Low 估计都要稍微优于 MLE，但这种差距并不明显。

表 4-2 理想状况下 4 种有效价差估计的误差比较（s 固定取为 0.01）

Panel A $n=21$					
σ/s		Roll	Bayes	HL	MLE
0.2	*RMSE*	0.286 4	0.077 2	0.049 8	0.047 0
	MAE	0.222 9	0.056 2	0.039 6	0.037 4
0.5	*RMSE*	0.402 2	0.253 4	0.114 4	0.114 3
	MAE	0.305 5	0.203 7	0.090 8	0.090 5
1	*RMSE*	0.619 9	0.282 8	0.243 9	0.219 0
	MAE	0.514 7	0.228 9	0.192 3	0.177 0
2	*RMSE*	1.027 5	0.722 0	0.478 2	0.458 8
	MAE	0.896 8	0.562 5	0.390 4	0.361 2
3	*RMSE*	1.571 9	1.317 0	0.633 7	0.666 7
	MAE	1.330 7	1.145 4	0.529 0	0.545 6
5	*RMSE*	2.723 5	2.675 3	0.933 2	1.091 9
	MAE	2.593 1	2.533 4	0.770 7	0.867 8
10	*RMSE*	6.018 4	6.198 1	1.723 3	1.989 2
	MAE	5.558 0	5.816 9	1.314 5	1.543 6

续表

Panel B　$n=63$					
σ/s		Roll	Bayes	HL	MLE
0.2	*RMSE*	0.156 4	0.036 4	0.028 0	0.026 3
	MAE	0.122 7	0.029 2	0.021 6	0.020 7
0.5	*RMSE*	0.214 5	0.160 3	0.068 1	0.068 5
	MAE	0.167 5	0.120 7	0.053 0	0.053 0
1	*RMSE*	0.426 2	0.278 6	0.138 1	0.156 4
	MAE	0.323 2	0.233 6	0.110 8	0.115 8
2	*RMSE*	0.783 6	0.433 8	0.272 4	0.268 2
	MAE	0.679 8	0.318 5	0.216 7	0.206 0
3	*RMSE*	1.187 9	0.822 9	0.411 7	0.375 9
	MAE	1.034 3	0.626 0	0.334 5	0.302 2
5	*RMSE*	1.979 9	1.733 1	0.620 4	0.668 2
	MAE	1.681 9	1.514 9	0.510 0	0.546 5
10	*RMSE*	4.217 2	4.237 4	1.081 0	1.237 3
	MAE	3.705 3	3.879 0	0.898 5	0.997 0
Panel C　$n=252$					
		Roll	Bayes	HL	MLE
0.2	*RMSE*	0.076 0	0.019 3	0.014 3	0.016 9
	MAE	0.061 7	0.014 8	0.011 5	0.012 9
0.5	*RMSE*	0.100 9	0.054 6	0.035 1	0.044 4
	MAE	0.079 7	0.043 6	0.029 2	0.030 2
1	*RMSE*	0.217 9	0.216 1	0.069 2	0.132 4
	MAE	0.167 5	0.172 0	0.056 4	0.100 9
2	*RMSE*	0.571 7	0.326 2	0.145 4	0.257 9
	MAE	0.464 3	0.275 5	0.119 3	0.172 0
3	*RMSE*	0.790 4	0.455 6	0.201 4	0.282 9
	MAE	0.690 1	0.315 5	0.162 0	0.193 0

续表

Panel C $n=252$					
		Roll	Bayes	HL	MLE
5	*RMSE*	1.325 5	1.062 5	0.320 2	0.398 1
	MAE	1.163 2	0.820 5	0.253 3	0.318 7
10	*RMSE*	2.794 1	2.562 0	0.621 8	0.696 9
	MAE	2.208 5	2.289 2	0.511 0	0.560 0

二、非理想状况下误差变化

Corwin 和 Schultz(2012)曾经指出，现实的市场中交易通常不是连续进行的。首先，相邻的两个交易日中间往往存在着一个夜间无交易时段，导致第二天的开盘价和前面一天的收盘价可能存在差异，即存在着所谓的隔夜收益率。此外，一些股票的交易不频繁，也影响人们对其最高和最低等价格信息的观测，从而会影响对价差的估计。因此，这里按照 Corwin 和 Schultz(2012)一文的设置进一步考察了存在隔夜收益率和不频繁交易的时候几种价差估计的性质。表 4-3 中分别展示了当存在隔夜收益率、存在隔夜收益率并且每分钟观测到价格的概率只有 50%，以及存在隔夜收益率并且每分钟观测到价格的概率只有 10%等三种情况下，s 为 0.01，n 为 21 时，4 种有效价差估计的误差。

表 4-3 非理想状况下 4 种有效价差估计的误差比较(n 固定取为 21，s 为 0.01)

Panel A 考虑隔夜收益率					
σ/s		Roll	Bayes	HL	MLE
0.2	*RMSE*	0.293 0	0.091 2	0.085 3	0.046 3
	MAE	0.229 5	0.066 6	0.069 6	0.037 1
0.5	*RMSE*	0.405 3	0.388 0	0.223 0	0.116 9
	MAE	0.312 6	0.231 8	0.183 2	0.091 8
1	*RMSE*	0.643 1	0.366 3	0.444 1	0.235 7
	MAE	0.529 3	0.249 7	0.363 9	0.183 1

续表

Panel A 考虑隔夜收益率					
σ/s		Roll	Bayes	HL	MLE
2	RMSE	1.155 9	0.868 5	0.674 6	0.453 8
	MAE	1.000 1	0.692 9	0.586 3	0.361 6
3	RMSE	1.840 7	1.604 9	0.788 6	0.620 4
	MAE	1.548 3	1.418 8	0.707 1	0.499 4
5	RMSE	2.941 2	2.814 0	0.887 6	1.009 6
	MAE	2.634 3	2.657 2	0.815 2	0.813 5
10	RMSE	6.933 4	7.298 2	1.082 5	2.034 5
	MAE	5.852 7	6.842 9	1.007 6	1.564 5
Panel B 考虑隔夜收益率,价格被观测到的概率为50%					
σ/s		Roll	Bayes	HL	MLE
0.2	RMSE	0.296 4	0.088 5	0.082 4	0.044 3
	MAE	0.228 2	0.064 8	0.066 7	0.036 1
0.5	RMSE	0.413 5	0.285 9	0.200 8	0.119 8
	MAE	0.316 6	0.212 4	0.161 9	0.094 1
1	RMSE	0.672 1	0.363 1	0.389 2	0.232 3
	MAE	0.566 8	0.292 6	0.318 5	0.180 0
2	RMSE	1.154 1	0.916 9	0.641 9	0.448 6
	MAE	1.003 2	0.746 2	0.548 6	0.352 7
3	RMSE	1.655 9	1.583 6	0.783 3	0.669 6
	MAE	1.432 1	1.380 6	0.702 0	0.551 4
5	RMSE	3.217 8	3.173 5	0.909 9	1.006 6
	MAE	2.921 5	2.941 2	0.843 8	0.799 7
10	RMSE	6.750 6	7.057 0	1.241 7	1.956 8
	MAE	6.034 0	6.636 7	1.049 8	1.474 2

续表

Panel C 考虑隔夜收益率，价格被观测到的概率为10%					
		Roll	Bayes	HL	MLE
0.2	*RMSE*	0.281 5	0.094 9	0.079 7	0.046 8
	MAE	0.217 9	0.065 9	0.064 8	0.036 4
0.5	*RMSE*	0.378 0	0.316 4	0.188 7	0.124 7
	MAE	0.295 0	0.217 4	0.153 0	0.094 0
1	*RMSE*	0.646 1	0.357 9	0.375 6	0.244 2
	MAE	0.531 0	0.276 1	0.304 1	0.190 1
2	*RMSE*	1.115 5	0.897 4	0.634 7	0.463 0
	MAE	0.969 0	0.725 3	0.540 5	0.369 1
3	*RMSE*	1.636 9	1.609 9	0.742 3	0.693 2
	MAE	1.405 0	1.411 0	0.663 1	0.563 1
5	*RMSE*	3.097 4	2.825 7	0.913 1	1.035 5
	MAE	2.662 1	2.671 9	0.839 8	0.850 1
10	*RMSE*	6.536 9	7.108 6	1.210 1	1.780 1
	MAE	5.926 7	6.652 6	1.029 0	1.369 0

表 4-3 的结果显示出，即使考虑隔夜收益率和非频繁交易等因素，在绝大多数情况下，High-Low 估计和 MLE 仍然明显优于其他两种估计，而且估计的误差随 s 或 σ 的变化具有与理想状况下相似的规律。与理想情况有所区别的是，当 σ 相对于 s 较小的时候，MLE 的估计精度与 High-Low 估计相比，前者的优势更加明显。这说明与 High-Low 估计相比，MLE 对真实市场上的不理想状况更加稳健。这一点对 MLE 在实际问题中的应用具有很好的参考价值。

三、估计误差随 s 及 σ 的变化

为了更直观地比较并展示 4 种价差估计的性质，下面给出了 4 种估计的均方根误差随着波动率 σ 以及买卖价差 s 变化的图形。图 4-3 及图 4-4 给出的是理想状况和非理想状况下，当 s 取值固定，分别为 0.005、0.01、0.05 及 0.10 时，

4 种估计的 $RMSE$ 随着 σ 变化的情形。与之对应，图 4-5 和图 4-6 展示的则是理想状况和非理想状况下，固定波动率 σ 分别取为 0.005、0.01、0.05、0.10 的时候，4 种估计的 $RMSE$ 随着 s 变化的趋势。这里估计的样本大小均为 $n=21$，计算 $RMSE$ 时的模拟次数均为 10 000。

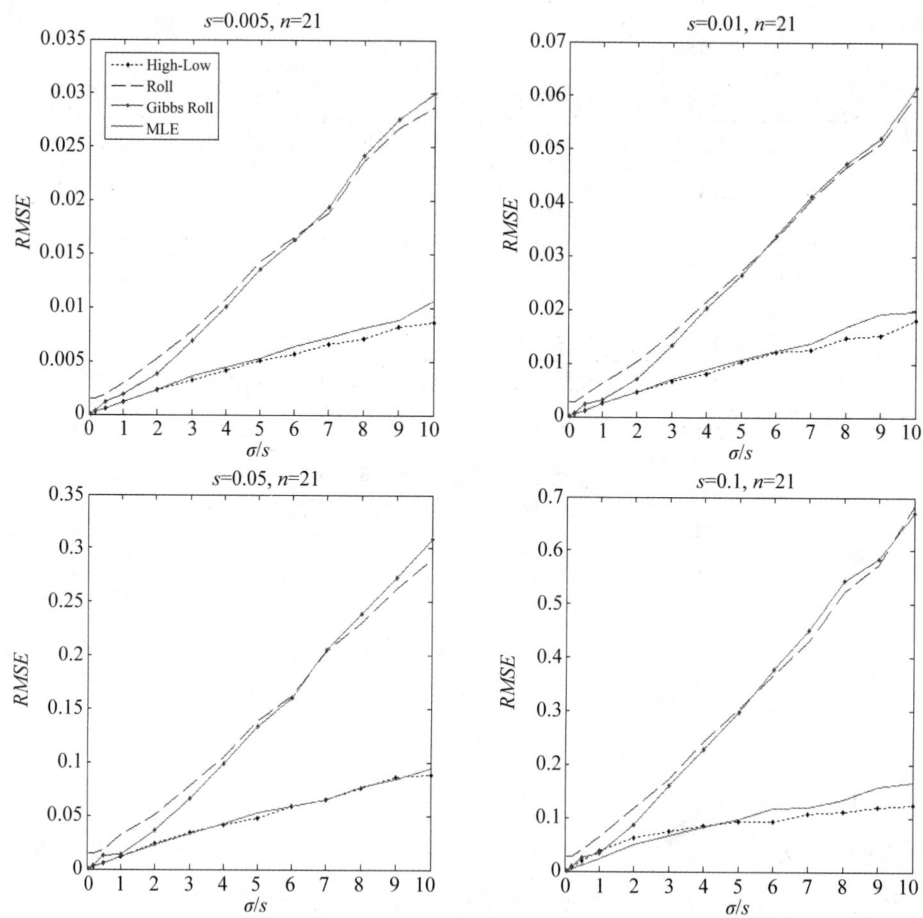

图 4-3 理想状况下固定 s 时 4 种价差估计的均方误差随 σ 的变化，其中样本大小为 21

从图 4-3 和图 4-4 中能够看出，无论 s 取值大小，并且不管是在理想的状态下，还是考虑隔夜收益率及观测到的价格仅为 10%的非理想情形下，4 种估计的 $RMSE$ 随着波动率 σ 的增加均呈现出递增趋势，而且基于极差的估计方法明显优于只考虑收盘价的 Roll 以及 Bayes 估计方法。这充分说明利用价格极差的

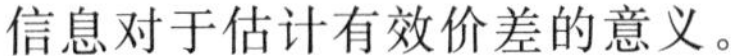

信息对于估计有效价差的意义。

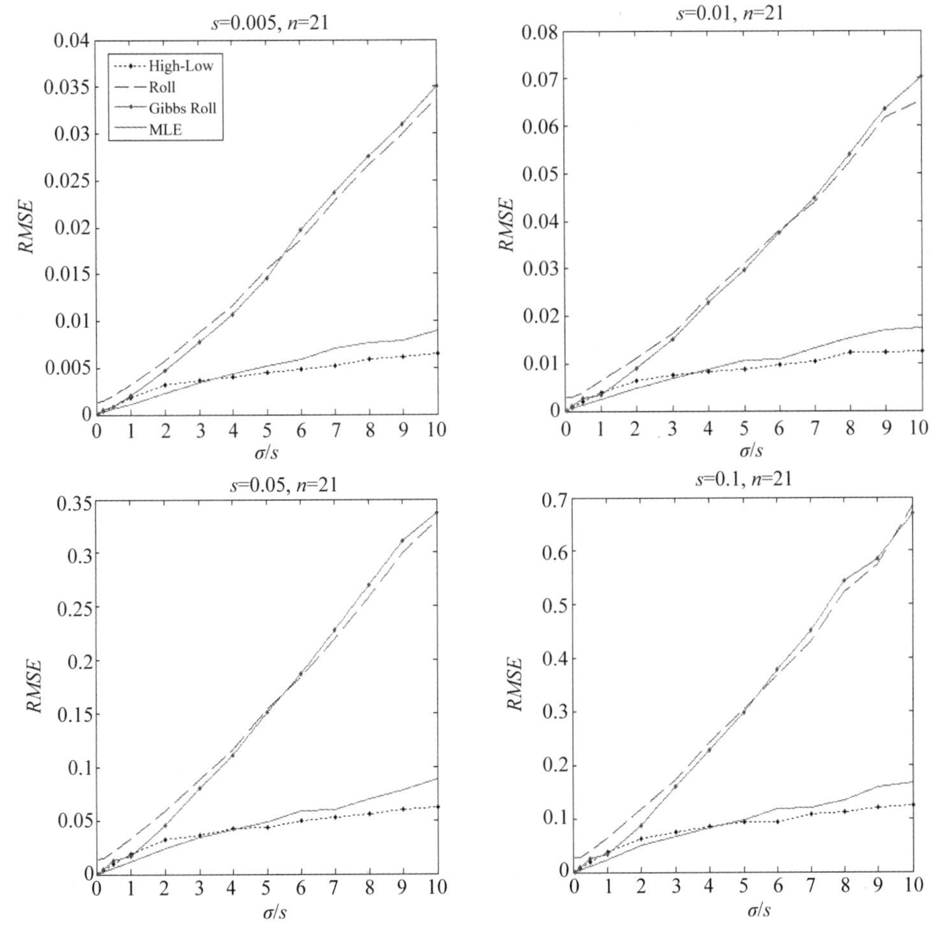

图 4-4 非理想状况下，即存在隔夜收益率且每分钟观测到价格的概率只有 10%的时候，固定 s 时 4 种价差估计的均方误差随 σ 的变化，其中样本大小为 21

此外，图 4-3 和图 4-4 都揭示出，在 σ 相对较小的时候，MLE 的表现均要超过 High-Low 估计；而随着 σ 的增加，High-Low 估计的优势则逐渐显现出来，并且估计精度高于 MLE。理想状态与非理想状态下不同的是，理想状态下 High-Low 估计与 MLE 之间的差距非常微小，但是非理想状态下，两种估计的差距被放大，尤其是当 σ 与 s 的比值在小于 4 附近的时候，MLE 的估计误差会更低一些。由图 4-2 我们已经了解到实际股票市场上 σ 与 s 的比值有很大部分位于小于 4 的范围，所以本书提出的极大似然估计对于现实问题应该是很合理的方案。

图 4-5 和图 4-6 对上述规律给出另一种角度的印证。当固定波动率 σ 的时候，Roll 估计的误差随着 s 的变化呈现出 U 形；贝叶斯估计的均方根误差随着 s 的变化首先呈现 U 形，然后随着 s 的增大而递减至一个稳定值；不过 High-Low 估计以及 MLE 的估计误差并没有随着 s 的变化呈现出明显的变化，其均方误差均稳定在某一个固定值附近。而且，High-Low 估计和 MLE 的估计精度均优于 Roll 或者 Bayes 估计。High-Low 估计与 MLE 之间的相对优势显然与图 4-3 和图 4-4 的情形也是吻合的。

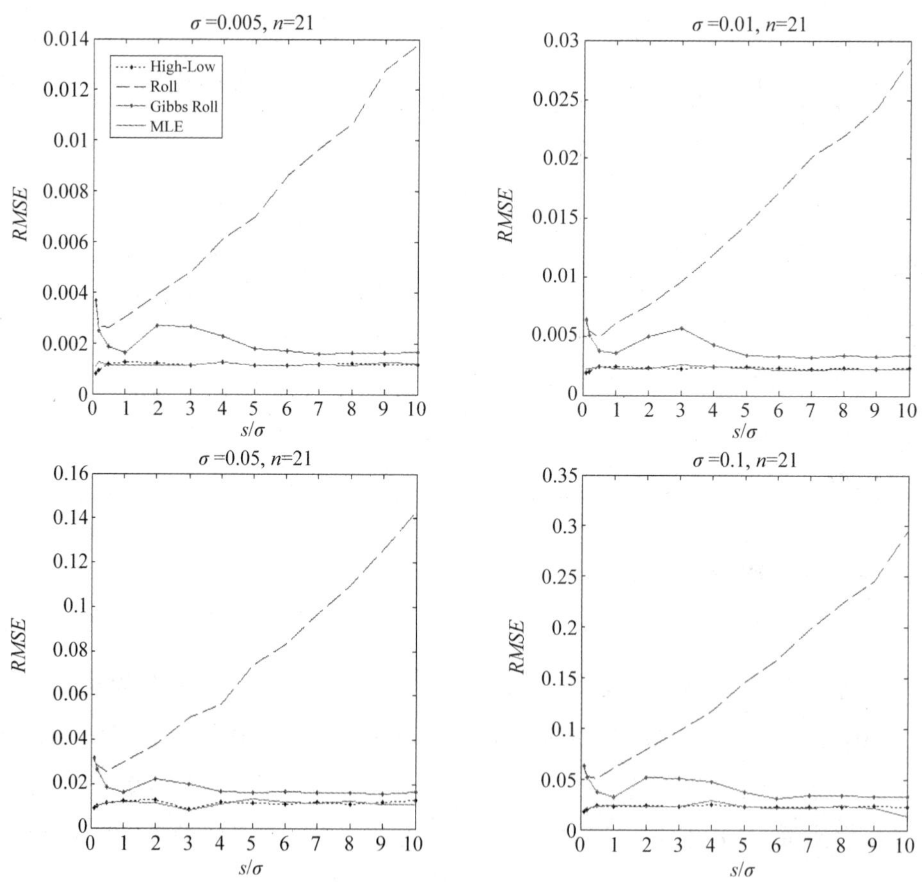

图 4-5　理想状况下固定 σ 时 4 种价差估计的均方误差随 s 的变化，其中样本大小为 21

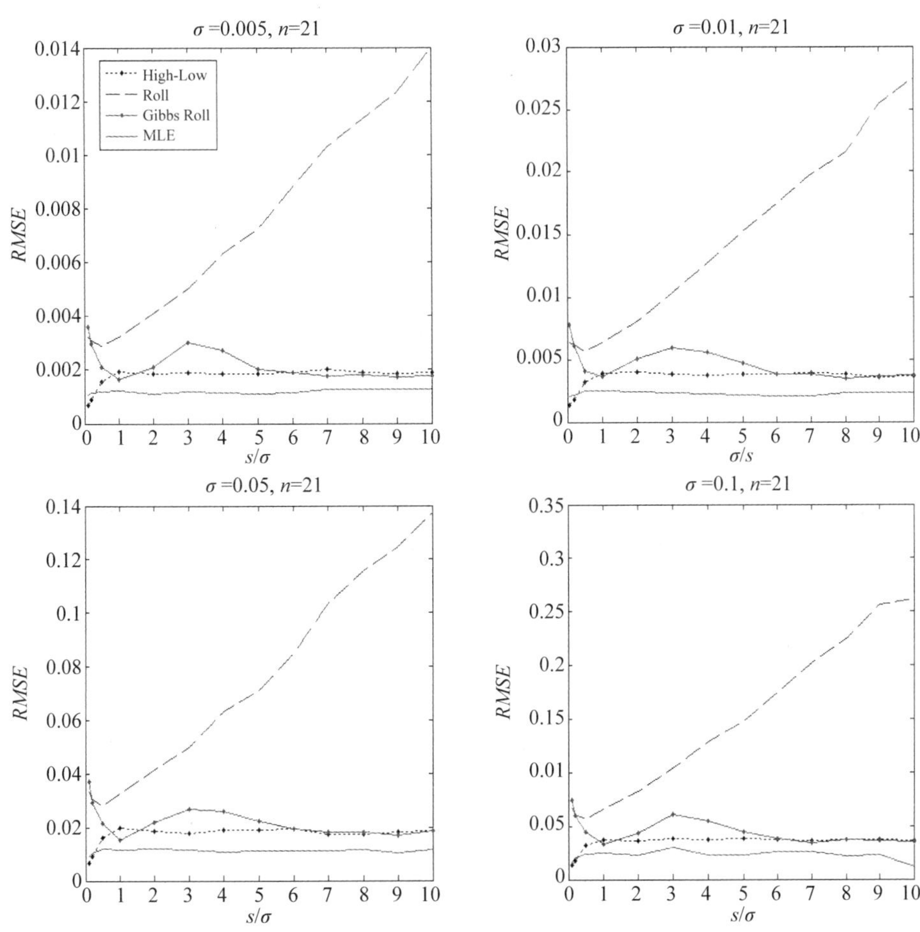

图 4-6　非理想状况下，即存在隔夜收益率且每分钟观测到价格的概率只有 10%的时候，固定 σ 时 4 种价差估计的均方误差随 s 的变化，其中样本大小为 21

为了更直观地展示不同样本容量下，在非理想状态时 MLE 是否都会比 High-Low 估计表现得更加稳健，图 4-7 给出考虑隔夜收益率并且每分钟观测到价格的概率只有 10%的情形下，s 取值固定为 0.01，样本容量分别为 21、63、126 以及 252 时 4 种有效价差估计的相对均方根误差(即均方根误差除以 s)随着 σ 变化的情形。

由图 4-7 可以发现，当样本量比较大的时候，High-Low 估计的表现会变得相对较差，其估计精度有时甚至会低于 Bayes 估计，而 MLE 的估计精确度始终是 4 种估计中表现最优的。这充分显示了 MLE 估计对于现实当中常见的一些非理想状况具有较好的稳健性。

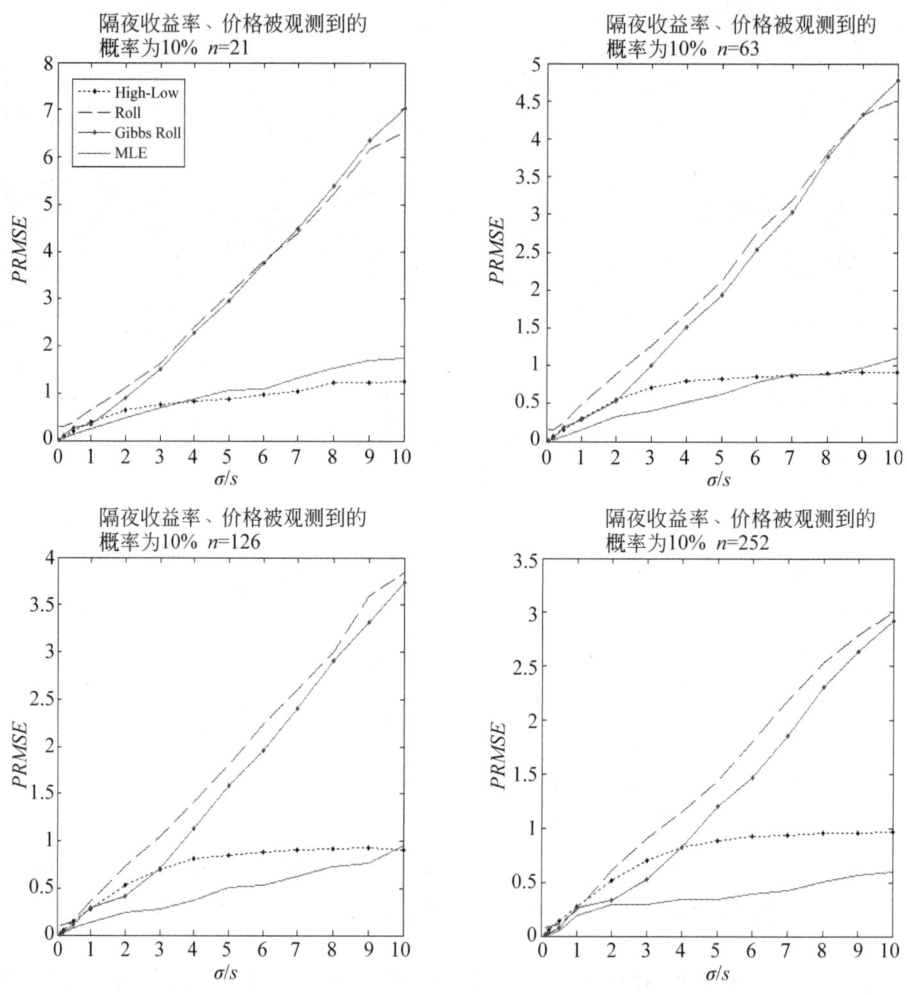

图 4-7 非理想状况下(存在隔夜波动率并且每分钟观测到价格的概率只有 10%)不同样本容量下,固定 s 时 4 种价差估计的相对均方误差随 σ 的变化,样本大小依次为 21、63、126 以及 252

第五节　结　　论

本章基于 Roll 的价格模型，结合最近 Corwin 和 Schultz(2012)所补充的"最高价通常是由买方发起的交易形成的，而最低价则一般是由卖方发起的交易形成的"等假设条件，利用价格极差的统计性质，提出了一类新的关于有效价差的近似极大似然估计方法。通过随机数值模拟，对经典的协方差估计(Roll，1984)、基于 Gibbs 抽样的贝叶斯估计(Hasbrouck，2004、2009)、Corwin 和 Schultz(2012)提出的 High-Low 估计以及本书提出的近似极大似然估计等 4 种估计，进行了深入细致的比较。随机模拟的结果揭示出：利用价格极差的信息可以明显地改善对有效价差的估计；当 σ 相对较小的时候，本书提出的极大似然估计要比 High-Low 的估计具有更好的精度；针对不连续交易或者交易不频繁等现实问题，本书提出的方法相比已有的方法更加稳健。

上述结论对于金融资产的流动性测度以及相关领域的研究将具有理论的指导意义。

第五章 中国股票市场流动性度量方法的比较

第一节 引　言

由于衡量流动性的低频指标较多，如何评价这些低频指标的度量效果是一个非常重要的问题。Hasbrouck(2004,2009)计算了多种基于低频数据构造的价差估计与基准买卖价差指标间的相关系数，得到基于Gibbs抽样的贝叶斯估计优于其余估计方法的结论；Holden(2009)也采用相关性和估计误差的评价标准比较了几种低频价差估计方法的流动性度量效果；Corwin和Schultz(2012)比较了High-Low估计、Roll估计等4种价差估计方法与高频基准价差之间的相关性大小，发现High-Low估计的表现优于Roll等其他估计。Goyenko等(2009)基于美国股票市场的数据对24种低频交易成本和价格响应度量方法进行了整理，通过比较低频指标与高频基准指标之间的相关性和估计误差，探讨了低频流动性度量指标对于美国股票市场的适用性。Fong等(2017)比较了包括Roll估计、Gibbs估计以及FHT估计等买卖价差估计方法，并且发现FHT估计与高频基准价差间相关性最强。Marshall等(2012)、Karnaukh等(2015)分别对美国的商品期货市场和外汇市场进行了类似的研究。Bao等(2011)、Friewald等(2012)研究了美国债券市场的部分流动性指标，Schestag等(2016)首次全面系统地探究了低频流动性度量指标对于美国企业债券市场的适用性，得出High-Low估计为最适用于美国公司债券市场的低频流动性指标的结论。目前对于中国金融市场流动性度量效果的比较研究较少，Ahn等(2013)比较了全球21个新兴股票市场的低频流动性指标的度量效果，尽管Ahn等研究的样本中包括中国市场，但是他们的研究时间区间太短，并不具有代表性。张峥等(2013)采用中国股票市场 1999—2009 年的数据，通过计算低频指标与高频基准指标之间的相关性，对多种低频流动性指标的度量效果进行了比较。然而对于中国股票市场流动性度量效果的实证研究中大多是通过比较低频流动性指标与高频基准指标之间的相关系数，相关系数越高说明低频流动性指标的度量效果越好，很少有学者从低频流动性指标的估计精度的角度比较其度量效果。由于市场微观结构中关于流动性的研究中，流动性度量指标的估计精度与相关性强弱同样重要，虽然资产定价等问题更侧重于流动性指标的相关性，但是在研究市场有效性以及投资者交易策略和资产配置等问题时，通常更注重流动性指标的估计精度，例如活跃交易者通常需要了解精确的交易成本或者买卖价差的具体数值，因此能够获得更为精确地衡量具体交易成本或价差结果的指标尤为重要。本章结合流动性低频指标与高频指标之间的估计误差和相关性强弱两种评价准则，研究中国股票市场低频流动性指标的适用性问题。

在前文中提到的基于 Roll 价格模型的有效价差的一些估计方法的基础上，本章节着眼于以低频估计与高频基准价差之间的准确度为标准，结合常用的低频指标与高频指标之间的相关系数标准，研究不同有效价差估计对于中国市场流动性度量的适用性问题。本章选取了上海证券交易所和深圳证券交易所 2009—2015 年 1 265 只股票的高频交易数据做实证分析。这里进行比较的基于 Roll 价格模型的有效价差估计方法包括：Roll 协方差估计、Bayes 估计和第三、第四章中基于价格极差的估计方法(简单矩估计、GMM 以及 MLE 等)。

本章的结构如下：第二节介绍高频基准价差的计算方法；第三节对本章选择的数据和筛选方法进行说明；第四节是实证分析的结果，给出了各指标的描述性统计、估计误差分析和相关性分析；最后是结论。

第二节　高频基准价差

对于日度买卖价差，本章采用三种常用的估计方法，即时间加权的平均报价价差(QS)、交易量加权的平均有效价差(ES)和交易量加权的平均已实现价差

(RS)。早期对买卖价差成分的研究主要是以报价驱动市场为对象,报价价差是做市商报出的卖价与买价的差值,是可以直接观测到的数值,它反映做市商对订单执行成本的预期。在指令驱动市场,不少学者把指令簿价差(即最佳买卖报价价差和报价深度加权价差)作为报价价差。有效价差则是指订单的成交价格与订单到达时市场的均衡价格之间的差值,由于其衡量订单的实际执行成本,在一定程度上可以克服买卖价差不能反映订单在买卖价差之外和之内成交的情况(即高估或低估执行成本)。已实现价差衡量订单执行价格和订单执行后一段时间的买卖报价中点之间的差额,反映订单执行后的市场影响成本。时间加权的报价价差不仅反映价差本身,而且还反映价差持续的时间。交易量加权的平均有效价差或已实现价差从投资者的角度反映投资者的报价策略与信息不对称程度紧密相连,三者能够体现中国市场中流动性的构成因素。Gyoenko 等(2009)、Holden(2009)以及 Corwin 和 Schultz(2012)对于美国股票市场流动性的度量也采用了类似的高频基准价差指标。

一、报价价差

对于给定的股票 i,在时刻 t 股票的报价价差(Quoted Spread,QS)被定义为

$$QS_{it} = \ln P_{it}^{ask} - \ln P_{it}^{bid} \tag{5-1}$$

其中,P_{it}^{bid}、P_{it}^{ask} 分别为时刻 t 的最高买价和最低卖价。对于某一时间段 I,该股票的报价价差 QS_{iI} 是区间 I 内基于所有 QS_{it} 按照时间权重进行加权平均。

二、有效价差

股票 i 第 k 笔交易的有效价差(Effective Spread,ES)定义为

$$ES_{ik} = 2 \mid P_{ik} - M_{ik} \mid \tag{5-2}$$

其中,P_{ik} 是第 k 笔交易的成交价格,M_{ik} 为第 k 笔交易发生时股票的最买价和最低卖价的平均值。ES_{iI} 是某一区间 I 内基于所有交易的 ES_{ik} 按照成交量进行加权的平均值。

三、已实现价差

已实现价差(Realized Spread,RS)的定义由 Huang 和 Stoll(1996)提出,其

衡量有效价差的即时成分。股票 i 第 k 笔交易的实现价差定义为

$$RS_{ik}=\begin{cases}2(P_{ik}-M_{i,k+t}), & \text{第 } k \text{ 笔交易是买方发起的}\\ 2(M_{i,k+t}-P_{ik}), & \text{第 } k \text{ 笔交易是卖方发起的}\end{cases} \tag{5-3}$$

其中，$M_{i,k+t}$可以为交易发生一段时间 t 后买卖报价的中点或者新的成交价格，例如 Gyoenko 等(2009)将 $M_{i,k+t}$取为 $P_{i,k+5}$，即第 k 笔交易发生 5 分钟后的成交价格。$RS_{i,I}$是区间 I 内基于所有 $RS_{i,t}$的按照成交量权重进行加权平均，类似地，可定义相对已实现价差。

第三节　数据选取及说明

本章使用的股票高频逐笔交易数据均来自锐思数据库(RESSET)，时间区间为 2009 年 1 月到 2015 年 12 月。本章沿用 Roll(1984)中对股票的筛选标准选取样本，即在上海证券交易所和深圳证券交易所所有非中小板和创业板的股票中，选择满足如下两条标准的股票：

(1) 年有效交易天数达到一定数量，即至少有 6 个月的交易数据；

(2) 在前一年的最后一天有交易数据。

经筛选最后数据集包含 443 只上证股票和 822 只深证股票。

对于每只股票，高频数据的每条记录包括交易的时间、成交价格、成交量、5 个卖价与卖量、5 个买价与买量、交易方向、市场深度等信息，以及相应的市场买卖指标。为了保证使用的数据是正确记录以及合理的，我们首先用如下标准对原始的高频数据进行筛选。

(1) 只保留发生在交易所开盘时间内的报价和交易数据，即 9:30 到 15:00；

(2) 只保留有不为零的报价和交易量的报价或交易。

在去掉不符合上述条件的交易记录之后，对每只股票，计算其日收盘价、日最高价、日最低价等，以及按照前一节的方法，计算高频的报价价差(QS)、有效价差(ES)和已实现价差(RS)。本章选择比较各低频流动性指标的年度估计，通过由高频数据得到的日度数据，计算各低频指标的年度流动性估计，包括 Roll、Bayes 估计、High-Low 系列估计(HL、HL1-HL5、GMM1、GMM2 和

MLE)等。

第四节 实证分析

不同于张峥等(2013)通过考察低频指标与高频基准价差间的相关系数来比较中国股票市场各低频流动性指标的度量效果，本节以 *QS*、*ES* 和 *RS* 三种高频流动性指标为基准，通过计算各低频指标与基准指标的相关系数和估计误差两种方式评价低频指标的适用性。Gyoenko 等(2009)指出，通常侧重于流动性估计精度(例如均方误差和平均绝对误差等)的研究，大多是与交易策略、资产配置以及市场有效性等问题相关；而研究资产定价等问题时往往更关心选取的流动性估计指标与基准指标间的相关性大小，而非估计的精确度。因此不同的评价标准，可以给出不同类型的研究下更为适用的流动性估计。

一、描述性统计分析

本章首先利用时间加权相对报价价差(*QS*)、交易量加权相对有效价差(*ES*)以及交易量加权相对已实现价差(*RS*)做出买卖价差的时间序列示意图，以反映中国市场从 2009—2015 年的流动性变化趋势。从图 5-1 中可以看出，三种价差具有相同的变化趋势，*RS* 显著低于其余两种价差，*QS* 和 *ES* 两种相对价差相当接近，大致在 0.13%～0.37%范围内波动，最高值在 2012 年出现，而 2010—2011 年相对价差达到最低值 0.13%。从 2009 年之后，中国市场的价差在逐渐降低，但是在 2012—2013 年中，价差显著上升，流动性变差。由于市场行情会影响到市场流动性，当市场行情处于上升期时，财富效应有助于投资者进行交易，市场的流动性水平会升高；反之，在市场下降期中，投资者受资金的约束导致交易减少，进而市场的流动性会下降。

表 5-1 给出了各高频基准流动性指标和低频估计指标的描述性统计分析结果。对于高频基准指标，与三种买卖价差的定义相一致，三种价差类型的平均值大小为 *QS*＞*ES*＞*RS*，其中中国沪深市场的相对报价价差 7 年平均值约为 0.001 8，相对有效价差稍小约为 0.001 7，相对已实现价差最低为 0.000 9。与

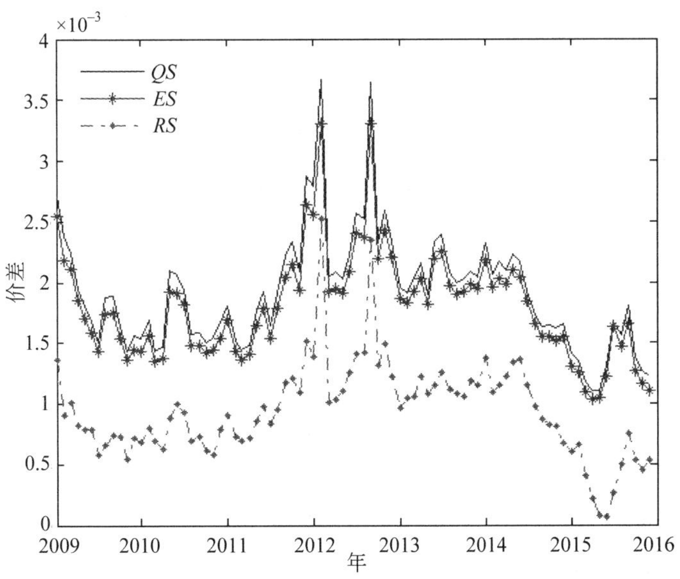

图 5-1 买卖价差时间序列趋势图

张峥等(2013)列出的年度报价和有效基准价差相比稍小，这是因为本章考察的时间范围位于张峥等(2013)所采用的样本时段之后，说明近年来中国股票市场的买卖价差有降低的趋势。此外，本章的三种买卖价差的平均值显著低于Goyenko等(2009)计算的美国股票市场的平均价差，揭示了从平均意义上看，中国股票市场的流动性优于美国市场。

对于低频交易成本指标，在基于Roll价格模型得到的有效价差估计中，利用收盘价得到的Roll估计和Bayes估计的均值均大于基于价格极差计算的High-Low估计(HL、HL1-HL5、GMM1、GMM2、MLE)。其中Roll估计的均值为0.0031，而中位数为0，说明Roll估计右偏严重，这是由于计算的很多观测价格差分序列的样本自协方差函数为正值。基于Gibbs抽样得到的Bayes估计的均值为0.0055，中位数为0.0047，均大于高频指标的对应数值，说明针对中国股票市场得到的Bayes估计可能并不精确，但其是否适用于中国市场需要进一步考察该估计与高频基准价差间的估计误差和相关系数。与Bayes估计表现相反的是，在基于价格极值得到的有效价差估计中，除HL5之外，其余估计的均值和中位数均小于高频指标的对应的描述性统计量。类似地，本章将进一步通过计算各低频指标与基准指标的相关系数和估计误差两种方式评价基于价格极值的 High-Low 系列估计对于中国股票市场的适用性。

表 5-1 描述性统计分析

变量	平均值	标准差	中位数	最小值	最大值
低频价差估计					
Roll	3.147 9	5.438 4	0.000 0	0.000 0	54.882 9
Gibbs	5.479 0	2.495 0	4.704 4	0.955 5	20.194 3
HL	0.868 0	2.280 2	1.395 2	0.000 0	93.760 0
HL1	0.483 2	1.265 6	0.728 0	0.000 0	26.803 0
HL2	0.215 9	1.086 3	0.590 2	0.000 0	37.705 0
HL3	0.936 7	2.818 6	1.473 8	0.000 0	50.492 0
HL4	0.402 0	0.971 2	0.754 8	0.000 0	17.873 4
HL5	2.410 1	3.006 9	2.274 9	0.000 0	52.203 2
GMM1	0.365 4	1.371 8	0.707 8	0.000 0	94.363 0
GMM2	0.852 1	2.354 3	1.408 9	0.000 0	61.411 0
MLE	0.398 0	1.203 0	0.475 8	0.000 0	40.880 0
高频基准指标					
QS	1.831 8	1.263 8	1.565 7	0.245 9	15.091 5
ES	1.716 0	1.104 4	1.470 0	0.199 2	13.717 4
RS	0.859 1	0.959 0	0.814 7	0.000 0	11.258 5

注：所有变量均以 10^{-3} 计。

二、估计误差比较

本节采用均方根误差（*RMSE*）和平均绝对误差（*MAE*）作为衡量误差大小的标准，分别定义为：

$$RMSE = \left[\frac{1}{NT}\sum_{j=1}^{N}\sum_{t=1}^{T}(\hat{s}_{ji} - s_{jt})^2\right]^{1/2}$$

$$MAE = \frac{1}{NT}\sum_{j=1}^{N}\sum_{t=1}^{T}|\hat{s}_{jt} - s_{jt}| \tag{5-4}$$

其中，$\hat{s}_{jt}$ 为第 j 只股票第 t 年的低频流动性指标，s_{jt} 为对应的高频基准价差，N 为样本股票数目，T 为年数，若每年单独计算，则 $T=1$，若 7 年综合计算则 $T=7$。表 5-2～表 5-4 分别给出了在以 *QS*、*ES* 和 *RS* 为高频基准指标的情况下，各低频流动性指标的 *RMSE* 和 *MAE*。

表 5-2　以报价价差为高频基准价差的各低频指标的估计误差

低频估计	报价价差	全样本	09	10	11	12	13	14	15
Roll	*RMSE*	5.188 1	6.901 3	5.434 8	4.899 5	5.492 6	6.322 4	5.187 4	5.209 6
	MAE	3.564 7	4.553 4	3.553 3	3.384 4	4.062 7	4.289 0	3.703 4	3.690 4
Bayes	*RMSE*	4.796 2	6.397 6	5.255 7	4.648 5	4.371 6	5.001 7	4.899 2	4.764 5
	MAE	3.583 2	4.019 8	3.293 1	3.204 5	3.664 2	3.406 8	3.573 1	3.433 7
HL	*RMSE*	2.711 1	2.951 1	2.662 7	2.717 6	2.593 5	2.855 0	2.605 4	2.159 1
	MAE	1.979 7	2.187 7	2.118 4	2.140 4	2.084 2	2.181 3	2.085 6	1.870 4
HL1	*RMSE*	2.266 1	2.342 7	2.315 1	2.278 7	2.265 3	2.296 7	2.099 0	1.903 7
	MAE	1.819 3	2.012 6	1.984 3	1.965 4	1.958 1	1.947 3	1.902 5	1.735 4
HL2	*RMSE*	2.371 8	2.602 4	2.379 4	2.313 2	2.307 6	2.306 0	2.274 5	2.206 6
	MAE	1.995 1	2.135 7	2.060 0	2.031 2	2.026 3	2.023 4	1.948 3	1.855 9
HL3	*RMSE*	3.321 3	3.746 9	3.340 2	2.982 0	2.929 2	3.096 7	3.005 1	3.383 9
	MAE	2.324 2	2.724 9	2.391 5	2.289 0	2.255 5	2.310 1	2.267 8	2.147 6
HL4	*RMSE*	2.232 8	2.277 3	2.276 9	2.259 7	2.242 0	2.238 2	2.198 8	1.890 5
	MAE	1.894 4	1.995 2	1.987 6	1.977 8	1.964 0	1.944 5	1.912 0	1.770 9
HL5	*RMSE*	3.569 3	3.259 1	2.872 2	2.964 8	3.311 9	4.906 6	3.502 1	3.627 7
	MAE	2.237 0	2.260 2	2.143 7	2.151 1	2.580 5	3.742 7	2.689 8	2.265 6
GMM1	*RMSE*	2.335 9	2.656 9	2.412 6	2.387 1	2.304 7	2.457 7	2.210 9	2.278 1
	MAE	1.951 3	2.123 5	2.041 3	2.024 8	2.001 6	1.991 7	1.979 3	1.761 8
GMM2	*RMSE*	2.755 8	3.409 8	2.916 7	2.649 5	2.626 4	2.740 0	2.599 8	2.690 8
	MAE	2.046 5	2.367 2	2.182 9	2.108 8	2.077 6	2.085 4	2.017 2	1.920 2
MLE	*RMSE*	2.295 9	2.592 4	2.356 4	2.356 1	2.325 2	2.333 0	2.280 7	2.210 4
	MAE	1.877 0	2.079 1	1.995 4	1.990 2	1.980 7	1.997 9	1.959 8	1.804 5

注：表 5-2～表 5-4 中的 RMSE 和 MAE 均以 10^{-3} 计。

表 5-3 以有效价差为高频基准价差的各低频指标的估计误差

低频估计	有效价差	全样本	09	10	11	12	13	14	15
Roll	*RMSE*	5.485 2	6.926 0	5.449 9	4.883 1	5.485 8	6.348 1	5.389 2	5.379 2
	MAE	3.788 7	4.519 1	3.553 3	3.310 2	3.989 9	4.260 3	3.810 5	3.703 4
Bayes	*RMSE*	5.383 7	6.334 5	5.261 4	4.731 9	4.489 9	5.090 8	5.110 5	5.401 2
	MAE	3.692 8	3.720 2	3.400 9	3.294 8	3.592 7	4.004 8	3.763 8	3.723 0
HL	*RMSE*	2.628 7	2.882 1	2.589 2	2.647 7	2.512 9	2.798 7	2.578 3	2.564 2
	MAE	1.993 9	2.095 8	2.029 5	2.051 9	1.992 4	2.104 4	1.994 3	1.980 4
HL1	*RMSE*	2.138 3	2.222 5	2.195 5	2.155 8	2.141 6	2.184 8	2.097 0	2.128 9
	MAE	1.818 6	1.901 7	1.875 1	1.855 6	1.848 7	1.845 9	1.801 1	1.806 4
HL2	*RMSE*	2.344 7	2.490 6	2.245 5	2.171 4	2.168 1	2.167 8	2.006 7	2.109 9
	MAE	1.887 0	2.020 7	1.938 9	1.908 3	1.905 7	1.902 0	1.842 8	1.871 2
HL3	*RMSE*	3.066 7	3.298 1	3.271 8	2.896 7	2.845 8	3.020 2	2.788 9	2.902 4
	MAE	2.228 9	2.629 1	2.286 4	2.181 8	2.150 3	2.206 6	2.071 3	2.190 1
HL4	*RMSE*	2.093 7	2.142 3	2.142 5	2.123 0	2.107 0	2.107 9	2.095 4	2.081 5
	MAE	1.808 1	1.877 8	1.870 3	1.860 2	1.847 9	1.832 6	1.807 1	1.796 5
HL5	*RMSE*	3.470 1	3.295 0	2.918 4	3.007 1	3.355 1	4.974 1	3.217 8	3.245 0
	MAE	2.298 7	2.256 0	2.151 3	2.144 4	2.598 2	3.763 8	2.324 0	2.330 1
GMM1	*RMSE*	2.203 5	2.553 6	2.288 3	2.256 0	2.175 2	2.339 3	2.205 6	2.190 8
	MAE	1.844 9	2.012 5	1.925 1	1.905 1	1.885 9	1.877 8	1.840 5	1.821 7
GMM2	*RMSE*	2.557 9	3.353 5	2.841 4	2.556 7	2.540 3	2.659 5	2.502 1	2.496 5
	MAE	1.951 8	2.275 4	2.085 7	2.007 3	1.982 4	1.990 4	1.924 6	1.900 2
MLE	*RMSE*	2.160 1	2.485 6	2.225 9	2.223 6	2.195 7	2.203 3	2.207 9	2.120 9
	MAE	1.818 6	1.965 6	1.875 4	1.868 5	1.862 2	1.860 7	1.823 1	1.782 2

分析表 5-2～表 5-4 可以看出，各个指标的 *MAE* 和 *RMSE* 呈现的规律大致相同，数值上 *MAE* 比 *RMSE* 稍小。当高频基准指标为报价价差的时候，不论是单独考察每一年还是综合 7 年进行比较，大部分 High-Low 估计（HL1、HL4、HL2、MLE、GMM1）的估计误差较低。在基于价格极值的 High-Low 估计中，HL3 和 HL5 的 *RMSE* 和 *MAE* 稍高于其余 High-Low 估计，但是其估计精度仍然比基于收盘价的 Roll 和 Bayes 估计更高，说明利用价格极值的信息可以较

表 5-4　以已实现价差为高频基准价差的各低频指标的估计误差

低频估计	已实现价差	全样本	09	10	11	12	13	14	15
Roll	*RMSE*	5.828 3	7.263 6	5.687 8	5.023 3	5.640 3	6.638 4	5.876 3	5.763 4
	MAE	3.410 1	4.187 1	3.155 9	2.962 9	3.690 3	4.055 2	3.458 4	3.379 8
Bayes	*RMSE*	5.217 7	6.572 7	5.535 1	4.707 4	5.238 2	5.833 1	5.230 4	5.173 2
	MAE	3.912 1	5.564 2	3.196 7	2.829 8	3.796 8	4.341 0	3.839 2	3.820 9
HL	*RMSE*	2.390 4	2.624 9	2.318 7	2.482 5	2.690 2	2.686 8	2.473 2	2.342 1
	MAE	1.313 9	1.360 7	1.293 8	1.465 4	1.699 0	1.699 4	1.376 1	1.311 7
HL1	*RMSE*	1.620 5	1.549 1	1.508 3	1.669 1	2.277 5	1.763 3	1.678 1	1.605 8
	MAE	1.027 2	0.993 2	0.947 5	1.109 6	1.488 6	1.289 1	1.109 9	0.998 6
HL2	*RMSE*	1.826 4	1.916 0	1.375 6	1.515 2	2.271 2	1.552 4	1.720 2	1.820 9
	MAE	1.035 1	1.073 9	0.881 2	1.041 8	1.497 1	1.208 2	1.121 7	0.992 1
HL3	*RMSE*	3.053 6	4.006 4	2.991 8	2.648 8	2.984 6	2.796 5	2.989 4	3.025 6
	MAE	1.581 6	1.843 2	1.386 5	1.451 2	1.791 4	1.628 4	1.413 6	1.557 8
HL4	*RMSE*	1.486 3	1.305 0	1.273 6	1.524 4	2.221 9	1.555 3	1.589 3	1.440 9
	MAE	0.972 2	0.901 2	0.861 0	1.048 2	1.463 7	1.206 0	1.088 9	0.980 4
HL5	*RMSE*	3.734 8	3.582 7	3.293 3	3.336 2	3.768 2	5.592 5	3.455 0	3.690 2
	MAE	2.666 9	2.166 1	2.217 5	2.139 5	2.848 3	4.315 4	2.279 1	2.346 6
GMM1	*RMSE*	1.648 0	2.029 8	1.538 4	1.693 8	2.292 6	1.856 9	1.705 2	1.630 1
	MAE	1.007 3	1.099 2	0.924 4	1.078 0	1.504 6	1.237 3	1.087 8	0.997 6
GMM2	*RMSE*	2.240 2	3.172 4	2.545 6	2.283 4	2.726 4	2.424 4	2.432 3	2.190 0
	MAE	1.212 2	1.536 5	1.290 2	1.338 0	1.702 7	1.480 4	1.174 3	1.120 8
MLE	*RMSE*	1.585 3	1.957 7	1.419 8	1.656 1	2.320 9	1.657 0	1.678 0	1.566 5
	MAE	0.966 2	1.039 9	0.840 3	1.021 8	1.469 6	1.185 3	1.056 0	0.924 0

为明显地改善只采用收盘价对有效价差的估计。此外，在基于价格极差的价差估计中，HL1 和 HL4 总是具有最小的 *RMSE* 或者 *MAE*；HL2、GMM1 和 MLE 的估计误差次之，它们的 *RMSE* 或 *MAE* 大小相近；然后一般是 HL 和 GMM2；HL3 和 HL5 的估计误差通常最大。当高频基准为有效价差或已实现价差时，各低频指标的估计误差结果具有相似的结论。

三、相关性比较

本节比较了所有低频指标与三种高频基准价差之间的横截面相关系数。低频指标与高频基准指标揭示的流动性的动态变化规律越一致，两者的相关系数应该越高。表 5-5～表 5-7 分别给出了三种高频基准指标下的各个低频流动性指标的相关系数结果。

表 5-5 各低频指标与报价基准价差的横截面相关系数

低频估计	全样本	09	10	11	12	13	14	15
Roll	0.063 0	0.045 6	0.054 5	−0.017 7	−0.062 1	0.031 0	0.052 7	0.067 9
	0.010 2	0.101 1	0.049 7	0.525 5	0.025 3	0.264 8	0.051 0	0.007 4
Bayes	0.225 1	0.170 6	0.244 9	0.260 4	0.213 7	0.279 8	0.233 1	0.242 2
	0.000 0	0.000 0	0.000 0	0.000 0	0.000 0	0.000 0	0.000 0	0.000 0
HL	0.255 8	0.135 9	0.257 1	0.319 5	0.170 0	0.148 7	0.198 8	0.273 9
	0.000 0	0.000 0	0.000 0	0.000 0	0.000 0	0.000 0	0.000 0	0.000 0
HL1	0.233 1	0.134 7	0.214 9	0.250 9	0.168 6	0.144 7	0.187 2	0.257 6
	0.000 0	0.000 0	0.000 0	0.000 0	0.000 0	0.000 0	0.000 0	0.000 0
HL2	0.073 8	0.070 7	0.070 5	0.108 6	0.047 2	0.063 5	0.085 4	0.076 4
	0.000 0	0.010 9	0.011 1	0.000 0	0.089 2	0.022 2	0.022 2	0.000 0
HL3	0.088 3	0.047 6	0.125 1	0.128 8	0.044 3	0.119 0	0.123 9	0.113 2
	0.000 0	0.087 0	0.000 0	0.000 0	0.090 8	0.000 0	0.000 0	0.000 0
HL4	0.157 9	0.121 6	0.137 3	0.140 4	0.109 8	0.127 9	0.139 0	0.165 5
	0.000 0	0.000 0	0.000 0	0.000 0	0.000 0	0.000 0	0.000 0	0.000 0
HL5	0.398 5	0.286 7	0.410 6	0.510 2	0.316 8	0.387 1	0.396 5	0.408 7
	0.000 0	0.000 0	0.000 0	0.000 0	0.000 0	0.000 0	0.000 0	0.000 0
GMM1	0.070 3	0.056 1	0.093 1	0.050 3	0.081 5	0.079 4	0.081 2	0.082 2
	0.000 0	0.011 4	0.000 2	0.070 3	0.003 3	0.007 2	0.007 2	0.000 0
GMM2	0.106 4	0.077 6	0.114 5	0.073 2	0.069 7	0.083 6	0.086 3	0.110 4
	0.000 0	0.000 7	0.000 0	0.022 8	0.013 7	0.001 0	0.001 0	0.000 0
MLE	0.110 2	0.095 9	0.127 6	0.102 2	0.094 3	0.098 6	0.110 0	0.127 7
	0.000 0	0.000 0	0.000 0	0.000 0	0.000 5	0.000 0	0.000 0	0.000 0

注：表 5-5～表 5-7 中每单元格的第一行为相关系数值，第二行是相关系数显著性检验的 p 值。

表 5-6　各低频指标与有效基准价差的横截面相关系数

低频估计	全样本	09	10	11	12	13	14	15
Roll	0.061 2	0.053 8	0.068 9	−0.003 5	−0.038 3	0.032 2	0.067 8	0.070 5
	0.007 6	0.052 8	0.013 1	0.900 4	0.167 9	0.246 4	0.017 0	0.006 9
Bayes	0.206 0	0.158 0	0.247 6	0.271 0	0.219 0	0.292 5	0.187 3	0.223 6
	0.000 0	0.000 0	0.000 0	0.000 0	0.000 0	0.000 0	0.000 0	0.000 0
HL	0.253 3	0.140 3	0.262 5	0.325 8	0.192 8	0.144 7	0.214 4	0.257 8
	0.000 0	0.000 0	0.000 0	0.000 0	0.000 0	0.000 0	0.000 0	0.000 0
HL1	0.235 1	0.143 5	0.212 3	0.260 9	0.182 6	0.153 4	0.200 6	0.259 0
	0.000 0	0.000 0	0.000 0	0.000 0	0.000 0	0.000 0	0.000 0	0.000 0
HL2	0.073 4	0.065 5	0.062 7	0.105 7	0.058 9	0.063 9	0.083 1	0.079 8
	0.000 0	0.008 3	0.024 0	0.000 0	0.061 7	0.021 4	0.000 0	0.000 0
HL3	0.089 9	0.050 1	0.118 2	0.125 4	0.068 4	0.104 7	0.088 9	0.104 2
	0.000 0	0.021 7	0.000 0	0.000 0	0.036 6	0.000 0	0.000 0	0.000 0
HL4	0.160 1	0.129 4	0.141 9	0.139 1	0.117 7	0.125 4	0.157 3	0.185 5
	0.000 0	0.000 0	0.000 0	0.000 0	0.000 0	0.000 0	0.000 0	0.000 0
HL5	0.393 4	0.274 3	0.407 6	0.516 2	0.312 4	0.393 6	0.413 2	0.406 1
	0.000 0	0.000 0	0.000 0	0.000 0	0.000 0	0.000 0	0.000 0	0.000 0
GMM1	0.075 0	0.055 7	0.102 7	0.052 9	0.087 2	0.080 4	0.080 9	0.079 6
	0.000 0	0.0179	0.000 0	0.0569	0.0017	0.0016	0.000 0	0.000 0
GMM2	0.107 5	0.074 6	0.123 1	0.075 7	0.070 7	0.090 3	0.087 5	0.117 6
	0.000 0	0.001 2	0.000 0	0.010 3	0.008 1	0.000 7	0.000 0	0.000 0
MLE	0.114 3	0.093 4	0.134 5	0.101 7	0.099 2	0.100 2	0.122 4	0.121 0
	0.000 0	0.000 0	0.000 0	0.0002	0.000 0	0.000 0	0.000 0	0.000 0

当报价价差作为高频基准价差时，无论单独考察每一年还是将 7 年综合比较，基于 Roll 模型的 Roll、Bayes 和部分 High-Low 系列估计的相关性表现不甚理想。而且，无论选择哪种高频基准指标，HL5 总是具有最高的相关系数，大约在 0.4 左右；HL 和 HL1 的相关系数强度次之。与估计精度的表现不同的是，

表 5-7 各低频指标与已实现基准价差的横截面相关系数

低频估计	全样本	09	10	11	12	13	14	15
Roll	0.055 6	0.070 2	0.077 8	0.012 0	−0.027 4	0.022 6	0.068 8	0.072 3
	0.013 2	0.011 4	0.005 1	0.667 0	0.324 5	0.417 3	0.018 2	0.005 6
Bayes	0.250 2	0.172 3	0.272 8	0.298 3	0.255 9	0.335 4	0.209 8	0.279 0
	0.000 0	0.000 0	0.000 0	0.000 0	0.000 0	0.000 0	0.000 0	0.000 0
HL	0.242 6	0.167 0	0.308 2	0.368 3	0.195 8	0.149 6	0.227 5	0.253 7
	0.000 0	0.000 0	0.000 0	0.000 0	0.000 0	0.000 0	0.000 0	0.000 0
HL1	0.218 8	0.169 6	0.254 0	0.294 4	0.203 6	0.181 7	0.239 7	0.230 2
	0.000 0	0.000 0	0.000 0	0.000 0	0.000 0	0.000 0	0.000 0	0.000 0
HL2	0.096 8	0.100 2	0.078 1	0.114 6	0.071 4	0.064 6	0.107 8	0.107 6
	0.000 0	0.000 0	0.000 0	0.000 0	0.010 1	0.020 1	0.000 0	0.000 0
HL3	0.118 5	0.064 5	0.120 5	0.134 2	0.127 2	0.141 8	0.129 0	0.126 6
	0.000 0	0.020 3	0.000 0	0.000 0	0.000 0	0.000 0	0.000 0	0.000 0
HL4	0.172 0	0.167 2	0.184 6	0.187 6	0.157 3	0.133 2	0.184 6	0.181 4
	0.000 0	0.000 0	0.000 0	0.000 0	0.000 0	0.000 0	0.000 0	0.000 0
HL5	0.398 9	0.255 9	0.406 0	0.523 1	0.295 9	0.394 5	0.415 7	0.412 5
	0.000 0	0.000 0	0.000 0	0.000 0	0.000 0	0.000 0	0.000 0	0.000 0
GMM1	0.092 9	0.077 9	0.106 3	0.105 0	0.095 4	0.072 6	0.099 9	0.107 8
	0.000 0	0.005 1	0.000 0	0.000 0	0.000 6	0.010 4	0.000 0	0.000 0
GMM2	0.111 5	0.072 1	0.144 8	0.120 1	0.095 6	0.128 4	0.120 9	0.124 3
	0.000 0	0.009 5	0.000 0	0.000 0	0.000 4	0.000 0	0.000 0	0.000 0
MLE	0.123 3	0.131 7	0.123 7	0.137 5	0.101 9	0.127 0	0.137 2	0.136 6
	0.000 0	0.000 0	0.000 0	0.000 0	0.000 0	0.000 0	0.000 0	0.000 0

此时基于收盘价得到的 Bayes 估计的相关系数与 HL1 估计的表现相差不大，这与 Hasbrouck(2004,2009)的结果是一致的。HL4 的相关系数表现弱于前面所提到的几个价差估计，但高于其余 High-Low 估计，其相关系数为 0.10～0.20。Roll 估计和其余基于价格极差的 High-Low 估计(包括广义矩估计和极大似然

估计)的相关系数均不高,说明基于 Roll 价格模型得到各种低频价差估计(除 HL5 外)在揭示流动性的动态变化规律方面对中国股票市场的适用性较差,如果侧重点在于低频指标与高频指标间的相关性大小,对于中国股票市场而言,Roll、Bayes 以及 High-Low 系列估计(HL5 除外)不是一个理想的选择。

当以有效价差和已实现价差作为基准价差时,各低频流动性指标的相关性度量比较结果与采用报价价差作为基准时的结论类似。

第五节　结　　论

本章以 *QS*、*ES* 和 *RS* 三个高频流动性指标为基准,采用中国股票市场 2009—2015 年的高频交易数据,比较基于 Roll 价格模型的低频价差年度估计对中国股票市场流动性的度量效果。本章通过比较各低频指标与高频基准指标间的相关系数,以及低频交易成本指标与高频交易成本基准指标间的估计精度,得出以下结论。

首先,从描述性统计分析来看,对比 Goyenko 等(2009)对美国股票市场的研究结果发现,中国市场买卖价差等指标的描述性统计量均优于美国市场,说明中国市场作为新兴市场,其流动性比美国市场更强,交易更容易发生。同时,对比张峥等(2013)得到的结果发现,本章得到的年度报价和有效基准价差指标的平均值都稍小于他们得到的结果,换手率要明显高于张峥等的结果。这是由于本章采用的数据的时间区间在张峥等(2013)所用的样本之后,说明近年来中国股票市场的流动性有提升的趋势。

其次,本章比较了各个低频指标在中国市场上的度量效果,从而找出适合近几年中国市场的低频流动性指标。不同于已有的文献,本书不仅比较了各低频指标与高频基准价差的相关系数,基于前面三章对低频价差估计理论性质的研究,还比较了低频价差估计与高频指标间的估计误差,结果如下。

(1) 基于价格极差的价差估计无论是从估计精度还是相关性大小来讲,均优于只基于收盘价的价差估计。

(2) 基于价格极差的价差估计中,如果从估计精度来看,HL1 和 HL4 以及

MLE、GMM1 等估计表现较优，但是从相关性来看，HL5 与高频基准价差间的相关系数总是最高，其表现最好；如果综合估计精度和相关性两方面来比较这些基于 Roll 价格模型的低频价差估计，HL1 是一个比较适合中国股票市场的有效价差估计。Gyoenko 等(2009)指出，以相关性作评价标准时大多是以研究资产定价等相关问题为目的，研究资产定价问题时，学者关心的是选取的价差指标与基准价差间的相关性大小，而非估计的精确度；而关心价差估计的精度的研究，例如偏差或者均方误差等，大多是与市场有效性和公司财务检验等相关的，因为这里我们想要获得比较准确的交易成本的度量，所以更着重于提高价差估计的准确度。

(3) 根据价格价差得到的 MLE 和 GMM 估计虽然在估计精度上表现较理想，但是相关性大小表现较差，这可能与中国市场自身的复杂性有关。中国市场的实际情况与这些估计的模型假设相差较远，说明基于价格极差的极大似然估计和广义矩估计对于中国证券市场的适用性还有待进一步探究。

本章的研究结果是对已有的流动性研究的补充和完善，尤其是对中国股票市场的流动性研究方面，提供了衡量流动性指标的新的标准和思路。此外，本章研究为未来进一步讨论中国市场流动性的影响因素、应用研究等问题奠定了基础。

第六章 中国债券市场流动性度量方法的比较

第一节 引 言

正如第五章所言，由于衡量流动性的低频指标较多，如何评价这些低频指标的流动性度量效果是一个非常重要的问题。Goyenko 等(2009)、Fong 等(2014)基于美国股票市场的数据对上述提到的各种低频流动性度量方法进行了整理和比较，探讨了这些低频指标对美国股票市场的适用性。Marshall 等(2012)、Karnaukh 等(2015)分别对商品期货市场和外汇市场进行了类似的研究。然而与股票、期货等市场相比，衡量债券市场的流动性是很困难的，由于债券交易不是在交易所集中进行的，基于日内报价数据的有效价差或买卖价差并不能直接运用于债券市场。对于债券市场，学者们一般根据交易数据设计自己的流动性度量方法，或者直接运用股票市场中的流动性测度。然而，由于债券市场的非集中化场外交易市场(Over the counter，OTC)与股票市场的交易所集中市场不同，基于股票市场的低频流动性测度能否运用于债券市场值得进一步探索和研究。Bao 等(2011)、Friewald 等(2012，2014)研究了美国债券市场的部分流动性指标，Schestag 等(2016)首次全面系统地探究了低频流动性度量指标对于美国企业债券市场的适用性，得出 High-Low 估计为最适用于美国公司债券市场的低频流动性指标的结论。

目前对于中国金融市场流动性度量效果的比较研究还比较少，而且主要集中在股票市场，例如 Ahn 等(2012)比较了包括中国市场在内的全球 21 个新兴股票市场的低频流动性指标的度量效果，但是他们选择的时间区间太短，并不具有代表性。张峥等(2013)针对1999—2009年中国股票市场的数据，进行了不同低频流动性指标的度量效果的比较，给出了非流动性比率(Amihud)是最适用于中国市场的低频流动性指标的结论。本书第五章也基于中国股票市场2009—2015年的高频逐笔交易数据，比较了Roll估计、High-Low系列估计、Bayes估计等低频交易成本年度估计对于中国股票市场流动性测度的适用性问题。然而对于中国债券市场流动性度量效果的比较研究非常少，而且在已有的研究中，比较不同低频指标度量效果大多是通过比较低频流动性指标与高频基准指标之间的相关系数，相关系数越高，说明低频流动性指标的度量效果越好，较少有学者从低频流动性指标的估计精度的角度比较其度量效果。在常用的低频流动性指标中，比如Amihud和Zeros等指标，仅能度量流动性的强弱，而不能给出交易成本或者价差的具体数值；而有些指标，如Roll的协方差估计、Hasbrouck的Bayes估计、High-Low估计和FHT估计等，除了可以通过它们的大小变化得到流动性强弱变化的规律，还可以准确地得到当前的交易成本或者买卖价差的具体数值。由于市场微观结构中关于流动性的研究中，通常不仅需要得到流动性强弱的动态变化规律，往往还需要了解交易成本或者买卖价差的具体数值，因此能够获得一些衡量具体交易成本或价差结果的指标就显得尤为重要。所以本章着仍然眼于以低频指标与高频指标之间的估计误差为衡量标准，结合常用的低频指标与高频指标间的相关系数强弱评价准则，研究中国企业债券市场低频流动性指标的适用性问题。

本章基于中国企业债券市场2008—2014年的高频交易数据，首先计算4种交易成本和一种价格响应度量方法，并将其作为高频基准指标。然后根据日度数据计算包括Roll估计、High-Low系列估计、Bayes估计等交易成本低频月度估计方法。通过比较低频流动性指标与高频基准指标之间的相关性和估计误差，探索这些低频流动性指标对于中国企业债券市场的适用性问题。相比于以往的研究，本章的贡献主要在于以下两点：一是采用中国企业债券市场的高频交易数据，全面系统地比较多种低频流动性指标的度量效果；二是拓展了Corwin和Schultz的High-Low估计，综合考虑更多的矩条件，基于本书第三章提出新的基于价格极值的有效价差估计，通过实证结果发现本书第三章新提出的 High-Low 估计能够更好地度量中国企业债券市场的流动性。本章的结构如下：第二节介绍流动性的高频和低频度量方法，第三节说明数据选取标准并对流动性指标进行描述性统计分析，第四节基于中国企业债券市场的交易数据进行实证比较研究，最后的结论在第五节。

第二节　流动性度量

本节介绍债券市场日内高频和日间低频的流动性度量指标。基于日内高频交易数据计算的四种交易成本指标，分别为四分位间距（*TC_IQR*）、买卖交易差（*TC_AvgBidAsk*）、Roll 日内交易成本（*TC_Roll*）、Schultz 测度（*TC_Schultz*），以及一种价格响应度量指标（*PI_lamda*）；基于日间低频交易数据计算了三类交易成本指标，分别为 Roll 估计、Bayes 估计、High-Low 系列估计。其中，交易成本指标均为相对交易成本，所有的流动性度量指标均作 Winsorize 处理。

一、高频交易成本

1. 四分位间距

Han 和 Zhou(2007)以及 Pu(2009)采用交易价格的四分位间距作为交易成本的估计，即

$$TC\_IQR = \frac{P_t^{75th} - P_t^{25th}}{\bar{P}_t} \tag{6-1}$$

其中，P_t^{75th} 和 P_t^{25th} 分别为第 t 天日内交易价格的上四分位数和下四分位数，$\bar{P}_t$ 为第 t 天的平均交易价格，在至少发生三笔交易的交易日里计算 *TC_IQR*，并计算其月度均值。

2. 买卖交易差

Hong 和 Warga(2000)、Chakravarty 和 Sarkar(2009)提出根据每个交易日买方发起的交易平均价格与卖方发起的交易平均价格之差衡量交易成本，即

$$TC\_AvgBidAsk = \frac{\overline{P_t^{Buy}} - \overline{P_t^{Sell}}}{0.5 \times (\overline{P_t^{Buy}} + \overline{P_t^{Sell}})} \tag{6-2}$$

其中，$\overline{P_t^{Buy}}$（$\overline{P_t^{Sell}}$）为第 t 个交易日所有买（卖）方发起的交易价格的平均值。在至

少发生一笔买(卖)交易的交易日里计算 $TC\_AvgBidAsk$,并计算其月度均值。

3. Roll 日内交易成本

Dick－Nielsen 等(2012)基于 Roll(1984)的协方差估计拓展了有效价差的日内形式:

$$TC\_Roll = \begin{cases} 2 \times \sqrt{-\mathrm{Cov}(r_i, r_{i-1})} & \mathrm{Cov}(r_i, r_{i-1}) < 0 \\ 0 & \mathrm{Cov}(r_i, r_{i-1}) \geqslant 0 \end{cases} \tag{6-3}$$

其中,$r_i = \ln P_i - \ln P_{i-1}$ 为第 i 笔交易的收益率。

4. Schultz 测度

Schultz(2001)通过估计回归式(6-4)中交易方向指示变量的系数度量了企业债券市场的交易成本:

$$\Delta_i = \alpha_0 + \alpha_1 D_i^{Buy} + \varepsilon_i \tag{6-4}$$

对于每笔交易 i,D_i^{Buy} 为交易方向指示变量,$D_i^{Buy}=1$ 表示买方发起的交易,$D_i^{Buy}=0$表示卖方发起的交易,Δ_i 为交易价格与买价之差。Schestag 等(2016)考虑相对交易成本,将式(6-4)拓展为式(6-5):

$$\Delta_i^{rel} = \alpha_0^{rel} + \alpha_1^{rel} D_i + \varepsilon_i \tag{6-5}$$

其中,Δ_i^{rel} 为交易价格与买卖报价中值之间的相对距离,$D_i = 1$ 表示买方发起的交易,$D_i = -1$ 表示卖方发起的交易。月度的买卖价差估计可以通过对一个月内所有交易的观测按照式(6-5)进行回归得到,因此 $TC\_Schultz = 2\alpha_1^{rel}$。

二、高频价格响应

Hasbrouck(2004)通过估计式(6-6)中的参数 λ 给出了股票市场价格响应的高频度量。其中,r_t 为股票的 5 分钟收益率,Q_t 为带有交易方向的 5 分钟交易量。

$$r_t = \lambda \cdot sign(Q_t)\sqrt{|Q_t|} + \varepsilon_t \tag{6-6}$$

债券市场中由于小额交易的交易成本远大于大额交易,因此 Schestag 等(2016)引入带有交易方向的截距项改进了式(6-6),如式(6-7)所示。此外,由于债券交易并非每个 5 分钟内都发生,因此在式(6-7)中并未考虑 5 分钟的收益率,而是以两笔相邻交易的收益率作为 r_i:

$$r_i = \alpha \cdot D_i + \lambda \cdot D_i \sqrt{|Q_i|} + \varepsilon_i \tag{6-7}$$

则价格响应度量 $PI\_Lambda = \lambda$。

三、低频交易成本

本章采用的低频交易成本估计与第二章中采用的估计方法一致，包含 Roll 估计、Bayes 估计、High-Low 系列估计（Corwin 和 Schultz 提出的 HL 估计以及拓展的基于价格极值的简单矩估计）等价差估计方法。

第三节　数据选取及描述性统计分析

使用的债券高频交易数据均来自锐思高频数据库，选取了上交所和深交所发行的共 944 只企业债券，时间区间为 2008 年 1 月到 2014 年 12 月。对于每只企业债券，高频数据的每条记录包括交易的时间、成交价格、成交量、交易方向等信息。对每支债券，根据高频数据计算其日收盘价、日最高价、日最低价、日成交量、日成交金额、日收益率，以及按照第二节中的估计方法，计算高频的流动性度量指标。由基于高频数据得到的日度数据，计算各低频指标的月度流动性估计，包括 Roll 估计、Bayes 估计、High-Low 系列估计（HL、HL1-HL5）等，共 20036 个月度观测值。表 6-1 给出具体的描述性统计分析。

表 6-1　描述性统计分析

变量	均值	标准差	最小值	中位数	最大值
TC_IQR	1.7900e-03	2.0700e-03	0	1.2196e-03	2.7700e-02
TC_AvgBidAsk	9.7400e-03	8.9100e-03	0.0001	6.8903e-03	5.0700e-02
TC_Roll	5.8000e-03	5.6500e-03	0	4.2753e-03	8.6800e-02
TC_Schultz	6.9600e-03	7.6200e-03	0	4.6172e-03	9.9500e-02
PI_lamda	2.0470e-04	1.5100e-03	0	9.4718e-05	4.9900e-02
Roll	5.1100e-03	9.1500e-03	0	2.4556e-03	4.4430e-01
Bayes	2.8680e-02	9.7160e-02	0.0001	5.1043e-03	9.4670e-01
HL	3.6540e-04	1.7400e-03	0	0	6.3800e-02

续表

变量	均值	标准差	最小值	中位数	最大值
HL1	2.2600e-05	2.7740e-04	0	0	2.2400e-02
HL2	2.8828e-07	2.1900e-05	0	0	2.2000e-03
HL3	9.1730e-06	2.8010e-04	0	0	2.4300e-02
HL4	4.5831e-06	1.8200e-04	0	0	2.2700e-02
HL5	4.3200e-03	8.7200e-03	0	8.7976e-04	2.0910e-01

为了比较高频流动性指标衡量流动性的效果是否一致，表 6-2 给出 5 种高频度量方法的相关性分析结果，其中 *Panel A* 至 *Panel C* 分别为基于企业债券高频流动性基准指标的面板数据、时间序列以及横截面数据的相关性分析结果。

表 6-2 结果表明，4 种高频交易成本基准指标 *TC_IQR*、*TC_AvgBidAsk*、*TC_Roll*、*TC_Schultz* 之间均具有显著的正向相关性，而且相关系数均较高，*PI_lamda* 作为度量价格响应的高频基准指标，与其余 4 种交易成本度量指标也具有显著的正向相关性，因此可以将 *TC_IQR*、*TC_AvgBidAsk*、*TC_Roll*、*TC_Schultz* 以及 *PI_lamda* 作为本章衡量低频流动性指标度量效果的基准指标。

表 6-2　高频指标性关性分析

Panel A 面板数据					
Correlation	*TC_IQR*	*TC_AvgBidAsk*	*TC_Roll*	*TC_Schultz*	*PI_lamda*
TC_IQR	1.000 0	0.482 5	0.388 7	0.421 6	0.062 2
		<0.000 1	<0.000 1	<0.000 1	<0.000 1
TC_AvgBidAsk	0.482 5	1.000 0	0.289 7	0.692 5	0.206 6
	<0.000 1		<0.000 1	<0.000 1	<0.000 1
TC_Roll	0.388 7	0.289 7	1.000 0	0.396 7	0.074 9
	<0.000 1	<0.000 1		<0.000 1	<0.000 1
TC_Schultz	0.421 6	0.692 5	0.396 7	1.000 0	0.273 6
	<0.000 1	<0.000 1	<0.000 1		<0.000 1
PI_lamda	0.062 2	0.206 6	0.074 9	0.273 6	1.000 0
	<0.000 1	<0.000 1	<0.000 1	<0.000 1	

续表

Panel B 时间序列数据

Correlation	*TC_IQR*	*TC_AvgBidAsk*	*TC_Roll*	*TC_Schultz*	*PI_lamda*
TC_IQR	1.000 0	0.472 5	0.748 1	0.401 1	0.243 3
	0.000 4	<0.000 1	0.000 2	0.025 8	
TC_AvgBidAsk	0.472 5	1.000 0	0.410 7	0.807 0	0.371 9
	0.000 4		0.000 1	<0.000 1	0.000 5
TC_Roll	0.748 1	0.410 7	1.000 0	0.510 3	0.283 7
	<0.000 1	0.000 1		<0.000 1	0.008 9
TC_Schultz	0.401 1	0.807 0	0.510 3	1.000 0	0.548 2
	0.000 2	<0.000 1	<0.000 1		<0.000 1
PI_lamda	0.243 3	0.371 9	0.283 7	0.548 2	1.000 0
	0.025 8	0.000 5	0.008 9	<0.000 1	

Panel C 横截面数据

Correlation	*TC_IQR*	*TC_AvgBidAsk*	*TC_Roll*	*TC_Schultz*	*PI_lamda*
TC_IQR	1.000 0	0.482 2	0.539 7	0.355 0	0.086 1
		<0.000 1	<0.000 1	<0.000 1	0.091 2
TC_AvgBidAsk	0.482 2	1.000 0	0.315 4	0.751 9	0.271 9
	<0.000 1		<0.000 1	<0.000 1	<0.000 1
TC_Roll	0.539 7	0.315 4	1.000 0	0.374 9	0.088 0
	<0.000 1	<0.000 1		<0.000 1	0.0067
TC_Schultz	0.355 0	0.751 9	0.374 9	1.000 0	0.305 8
	<0.000 1	<0.000 1	<0.000 1		<0.000 1
PI_lamda	0.086 1	0.271 9	0.088 0	0.305 8	1.000 0
	0.091 2	<0.000 1	0.0067	<0.000 1	

注：表 6-2～表 6-5 中每单元格的第一行为相关数值，第二行是相关系数显著性检验的 p 值。

第四节　实 证 结 果

本节以 *TC_IQR*、*TC_AvgBidAsk*、*TC_Roll*、*TC_Schultz* 和 *PI_lamda* 5 种高频流动性指标为基准，通过计算各低频指标与基准指标的相关系数和估计误差两种方式评价低频指标的适用性。Goyenko 等(2009)指出，通常研究资产定价等问题时关心的是选取的交易成本指标与基准交易成本间的相关性大小，而非估计的精确度；而侧重于交易成本估计精度(例如均方误差和平均绝对误差等)的研究，大多是与市场有效性检验或公司财务等问题相关。

一、相关性分析

本节比较了低频流动性度量与 *TC_IQR*、*TC_AvgBidAsk*、*TC_Roll*、*TC_Schultz* 和 *PI_lamda* 5 种高频基准流动性指标之间的相关性，分别基于面板数据、时间序列数据和横截面数据计算了低频与高频流动性指标间的相关系数，如表 6-3～表 6-5 所示。

表 6-3　面板数据相关性分析比较

Correlation	Roll	Bayes	HL	HL1	HL2	HL3	HL4	HL5
TC_IQR	0.307 4	0.075 3	0.211 7	0.083 7	0.011 8	0.089 1	0.054 2	0.330 3
	<0.000 1	<0.000 1	<0.000 1	<0.000 1	0.091 9	<0.000 1	<0.000 1	<0.000 1
TC_AvgBidAsk	0.171 8	0.225 1	0.072 5	0.014 4	−0.012 8	0.019 6	0.012 3	0.189 5
	<0.000 1	<0.000 1	<0.000 1	0.040 0	0.067 7	0.005 2	0.081 3	<0.000 1
TC_Roll	0.368 4	0.066 8	0.049 2	−0.011 0	−0.008 0	0.030 0	0.005 3	0.297 3
	<0.000 1	<0.000 1	<0.000 1	0.118 5	0.257 6	<0.000 1	0.450 1	<0.000 1
TC_Schultz	0.276 5	0.037 9	0.174 7	0.056 4	−0.010 4	0.033 8	0.024 6	0.433 8
	<0.000 1	<0.000 1	<0.000 1	<0.000 1	0.137 1	<0.000 1	0.000 5	<0.000 1
PI_lamda	0.070 1	0.022 4	0.041 9	0.005 7	−0.001 5	0.009 9	0.002 1	0.099 9
	<0.000 1	0.001 4	<0.000 1	0.417 8	0.826 9	0.158 8	0.762 4	<0.000 1

表 6-4　时间序列数据相关性分析比较

Correlation	Roll	Bayes	HL	HL1	HL2	HL3	HL4	HL5
TC_IQR	0.898 7	0.158 4	0.383 6	0.071 0	0.074 1	0.234 3	0.112 7	0.360 5
	<0.000 1	0.150 1	0.000 3	0.521 1	0.503 0	0.032 0	0.307 3	<0.000 1
TC_AvgBidAsk	0.126 2	0.149 2	0.031 4	−0.232 7	−0.107 3	−0.073 0	−0.209 3	0.498 7
	0.252 6	0.175 5	0.776 7	0.033 1	0.331 5	0.509 3	0.056 0	<0.000 1
TC_Roll	0.767 6	0.175 7	0.245 2	0.057 9	0.000 8	0.257 2	0.173 4	0.318 6
	<0.000 1	0.110 0	0.024 6	0.600 9	0.994 6	0.018 2	0.114 7	0.003 1
TC_Schultz	0.478 7	0.086 7	0.256 8	−0.208 2	−0.133 4	0.087 4	−0.196 6	0.706 0
	<0.000 1	0.433 1	0.018 4	0.057 4	0.226 4	0.429 3	0.073 1	<0.000 1
PI_lamda	0.276 1	0.008 4	0.284 4	−0.146 3	−0.048 1	0.114 8	−0.134 6	0.477 4
	0.011 0	0.939 3	0.008 7	0.184 1	0.664 0	0.298 6	0.222 4	<0.000 1

表 6-5　横截面数据相关性分析比较

Correlation	Roll	Bayes	HL	HL1	HL2	HL3	HL4	HL5
TC_IQR	0.346 0	0.220 8	0.298 8	0.202 4	0.017 0	0.183 8	0.166 7	0.281 9
	<0.000 1	<0.000 1	<0.000 1	<0.000 1	0.600 2	<0.000 1	<0.000 1	<0.000 1
TC_AvgBidAsk	0.252 7	0.328 5	0.114 8	0.087 0	−0.054 5	0.093 6	0.094 4	0.261 2
	<0.000 1	<0.000 1	0.000 4	0.007 3	0.093 3	0.003 9	0.003 6	<0.000 1
TC_Roll	0.475 6	0.073 8	0.052 3	−0.009 5	−0.031 9	0.010 7	0.002 0	0.186 1
	<0.000 1	0.023 1	0.107 8	0.771 0	0.326 9	0.743 3	0.950 3	<0.000 1
TC_Schultz	0.443 5	0.155 4	0.255 8	0.168 5	−0.043 1	0.151 6	0.149 9	0.468 1
	<0.000 1	<0.000 1	<0.000 1	<0.000 1	0.185 0	<0.000 1	<0.000 1	<0.000 1
PI_lamda	0.060 8	0.070 1	0.150 0	0.015 0	−0.010 6	0.007 9	0.007 0	0.251 4
	0.061 3	0.030 8	<0.000 1	0.644 8	0.743 6	0.807 7	0.829 5	<0.000 1

分析表 6-3～表 6-5 的结果可知，总体来看，对于交易成本指标，无论是从面板数据，还是从时间序列或横截面数据角度考察低频流动性指标与 5 种高频基准指标之间的相关性，HL5 估计的相关性都最强，Roll 估计次之，两者之间的差距较小，而 HL 估计的效果位于 HL5 和 Roll 估计之后，并且 Bayes 估计与各高

频基准指标之间的相关系数也不高，这一点与 Schestag 等(2016)关于美国企业债券市场的研究结果存在差别。

对表 6-4 进行更为细致的分析可知，从时间序列角度来看，对于 *TC_IQR* 和 *TC_Roll* 指标，Roll 估计的相关性最强，HL5 估计次之；对于 *TC_AvgBidAsk* 和 *TC_Schultz* 指标，HL5 和 Roll 估计的排序为：HL5＞Roll；对于 *PI_lamda* 价格响应指标，HL5 估计的相关性最强，Roll 估计次之。

从横截面角度对表 6-5 进行分析可知，对于 *TC_Roll* 指标，Roll 估计的相关性最强，排在第二位的为 HL5 估计；对于 *TC_IQR*、*TC_AvgBidAsk* 和 *TC_Schultz* 指标，HL5 和 Roll 估计两者之间差距很小；对于 *PI_lamda* 价格响应指标，HL5 和 Roll 估计两者的排序为：HL5＞Roll。

二、估计误差

本节采用偏差(*BIAS*)、均方根误差(*RMSE*)和平均绝对误差(*MAE*)作为衡量估计误差大小的标准，分别定义为

$$
\begin{aligned}
BIAS &= \frac{1}{NT}\sum_{j=1}^{N}\sum_{t=1}^{T}(\hat{s}_{jt}-s_{jt}) \\
RMSE &= \left[\frac{1}{NT}\sum_{j=1}^{N}\sum_{t=1}^{T}(\hat{s}_{ji}-s_{jt})^2\right]^{1/2} \\
MAE &= \frac{1}{NT}\sum_{j=1}^{N}\sum_{t=1}^{T}\left|\hat{s}_{jt}-s_{jt}\right|
\end{aligned}
\tag{6-8}
$$

其中，$\hat{s}_{jt}$ 为第 j 支债券第 t 月的低频流动性指标，s_{jt} 为对应的高频基准交易成本，N 为所有债券的数目，T 为月数。表 6-6 给出了低频交易成本度量指标与 4 种高频交易成本基准指标 *TC_IQR*、*TC_AvgBidAsk*、*TC_Roll* 以及 *TC_Schultz* 之间的估计误差结果。

分析表 6-6 结果可知，比较与 *TC_IQR*、*TC_AvgBidAsk*、*TC_Roll*、*TC_Schultz* 4 种交易成本指标之间的估计误差结果，平均看来，估计误差最优的为 HL5 和 Roll 估计，这与上一节中相关性大小比较的结果是一致的。此外，与 Roll 估计相比，Bayes 估计尽管加重了计算负担，但其估计的精度并无显著提高；HL 估计尽管在 Schestag 等(2016)的研究结果中为度量美国企业债券市场的最优估计，但是在中国企业债券市场中，新提出的基于价格极值的 HL5 的估计精度和相关性强弱均显著优于 HL 估计。

表 6-6　估计误差比较

	TC_IQR			*TC_AvgBidAsk*			*TC_Roll*			*TC_Schultz*		
变量	*BIAS*	*RMSE*	*MAE*	*BIAS*	*RMSE*	*MAE*	*BIAS*	*RMSE*	*MAE*	*BIAS*	*RMSE*	*MAE*
Roll	−0.003 3	0.009 4	0.004 3	0.004 9	0.012 8	0.008 0	0.001 0	0.008 8	0.004 6	0.001 9	0.010 4	0.005 6
Bayes	−0.003 3	0.009 0	0.004 5	0.007 9	0.013 1	0.009 2	0.001 1	0.008 3	0.005 0	0.005 8	0.010 5	0.006 0
HL	0.001 4	0.002 8	0.001 7	0.009 6	0.013 3	0.009 7	0.005 4	0.007 9	0.005 6	0.006 6	0.010 0	0.006 7
HL1	0.001 8	0.002 7	0.001 8	0.010 0	0.013 5	0.010 0	0.005 7	0.008 1	0.005 7	0.006 9	0.010 3	0.006 9
HL2	0.001 8	0.002 7	0.001 8	0.010 0	0.013 6	0.010 0	0.005 8	0.008 1	0.005 8	0.006 9	0.010 4	0.006 9
HL3	0.001 8	0.002 7	0.001 8	0.010 0	0.013 6	0.010 0	0.0057	0.008 1	0.005 7	0.006 9	0.010 3	0.006 9
HL4	0.001 8	0.002 7	0.001 8	0.010 0	0.013 6	0.010 0	0.005 7	0.008 1	0.005 8	0.006 9	0.010 4	0.006 9
HL5	−0.002 5	0.008 6	0.004 0	0.005 7	0.012 7	0.008 5	0.001 5	0.010 0	0.006 0	0.002 7	0.009 2	0.005 4

第五节 结 论

本章以 TC_IQR、$TC\_AvgBidAsk$、TC_Roll、$TC\_Schultz$ 和 PI_lamda 5 种高频流动性指标为基准，采用中国企业债券市场 2008—2014 年的数据，比较了常用的衡量交易成本低频流动性指标对中国债券市场流动性的度量效果。本章通过比较各低频指标与高频基准指标间的相关系数，以及低频交易成本指标与高频交易成本基准指标间的估计精度，得出的结论如下。

(1) 通过比较各个指标的 $BIAS$、MAE 和 $RMSE$ 可知，平均看来，HL5 和 Roll 指标的估计误差最小，说明 HL5 和 Roll 估计在精度上是最接近高频指标的度量方法。

(2) 通过比较各个指标的相关性强弱发现，对于交易成本而言，HL5 与 Roll 估计的相关性最强，而 Corwin 和 Schultz(2012)提出的 HL 估计的效果位于 HL5 和 Roll 估计之后，并且 Bayes 估计与各高频基准指标之间的相关系数也不高，这一点与 Schestag 等(2016)的结果并不一致。

(3) Gyoenko 等(2009)指出，以相关性作评价标准时大多研究以资产定价等相关问题为目标；而侧重价差估计精度的研究，例如偏差或者均方误差等，大多是与市场有效性检验和企业财务等问题相关。因此，根据研究问题的侧重点不同，实际运用时可以有偏向性的选择适合的流动性度量指标。

本章的研究结果是对已有的流动性度量研究的补充和完善，尤其是对中国企业债券市场的流动性研究方面，提供了衡量流动性指标的新的标准和思路，并且对进一步讨论中国债券市场流动性的影响因素以及应用等问题奠定了基础。

第七章 结论、不足之处及进一步研究方向

第一节 主要结论

本书围绕金融市场低频有效价差的估计这一主题，首先分别从理论上研究了两种有效价差估计即 Roll 的估计及 High-Low 估计的偏差和均方误差以及相合性和渐近正态性等问题，通过直接比较其渐近行为在理论上得出了 High-Low 估计优于 Roll 估计的结论。该方法及结论为比较不同的买卖价差的低频估计方法提供了重要的计量理论基础。接下来，在 Roll 价格模型和 Corwin 和 Schultz 提出的 High-Low 估计的基础上，根据 4 个矩条件又提出了 5 个新的 High-Low 估计以及广义矩估计，并且分别从理论上研究了 6 种有效价差 High-Low 估计的偏差和均方误差以及相合性和渐近正态性等问题，通过直接比较其渐近行为在理论上得出了 Corwin 和 Schultz 的估计并不是最优的 High-Low 估计的结论。除了(广义)矩估计之外，本书还利用价格极差的统计性质，提出了一类新的关于有效价差的近似极大似然估计方法。通过随机数值模拟，对经典的协方差估计(Roll，1984)、基于 Gibbs 抽样的 Bayes 估计(Hasbrouck，2004、2009)、Corwin 和 Schultz(2012)提出的 High-Low 估计以及本书提出的近似极大似然估计等 4 种估计，进行了深入细致的比较。此外，结合本书中的多种低频价差估计方法，笔者还基于中国股票市场和债券市场的高频交易数据对中国金融市场的买卖价差的适用性做了实证研究。

正如导读中所提，Chordia 等(2000)，Sadka(2006)，Fujimoto(2004)，Acharya 和 Pedersen(2005)，Bekaert 等(2007)以及 Hasbrouck(2009)均检验了多种流动性测度在资产定价模型中的解释能力，研究了流动性是否为定价因素。

这种定价关系的检验通常需要涉及较长的研究时段以及多个国家或者市场，由于获取日内高频交易数据的限制，采用低频交易数据的有效价差估计作为流动性的度量通常是不少学者采取的做法。好的低频价差估计不仅在资产定价研究中很重要，其对于市场有效性、公司金融等研究领域同样具有深远的意义。De Bondt 和 Thale(1985)、Chan 等(1996)、Jegadeesh 和 Titman(2001)等在研究中发现交易策略的运用可能会产生显著的超额收益，然而确定交易策略能否真正地产生超额回报的前提是准确地度量交易成本，这就需要在较长的研究时段以及多个国家或者市场上能够获得精确的价差估计。类似地，Dennis 和 Strickland(2003)、Kalev 等(2003)、Cao 等(2004)、Lipson 和 Mortal(2004)、Schrand 和 Verrecchia(2004)、Lesmond 等(2008)以及其他许多学者还检验了流动性测度在公司金融、资本结构等金融决策问题中的应用。由于本书从理论和实证上都展示了本书提出的新的基于价格极差的 High-Low 方法不仅优于 Roll 协方差估计和 Bayes 估计等基于收盘价的价差估计方法，而且也指出了新提出的上述 High-Low 估计中存在优于 Corwin 和 Schultz 文中估计的估计方法，因此，我们可以从本书所提出的基于极差的有效价差估计方法中选出最适用于中国股票、债券或者债券市场的某种 High-Low 估计作为流动性的度量方法，研究中国股市或者期货市场的流动性与收益率间的关系，探究流动性是否是中国股市或债市的一个定价因素。此外，我们也可以将这些新的价差估计运用于公司金融、市场有效性、风险管理和交易策略等实证研究。

第二节 不足之处

围绕金融市场有效价差的估计方法这一主题，本书从统计推断的角度比较了两种有效价差估计方法的估计精度，并提出了几种新的基于价格极差的有效价差估计方法，最后根据中国市场的高频数据进行了实证研究。然而，因为自身的学术水平有限，并且所能够获得的数据有限，本书在完成过程中仍然存在以下几个方面的缺陷或不足，需要在今后的研究中不断改进和完善。

其一，在第五章和第六章的实证研究中为了比较各种低频价差估计的优劣，本书选用高频数据计算的报价价差、有效价差以及实现价差作为基准。但是，基于高频交易数据计算的基准价差并不是买卖价差的真实值，它也是一个估计值，那么基于高频数据计算的价差估计值是否确实是真实价差的一个好的估计尚有待考证。这里本书按照大多数学者对报价驱动或指令驱动市场计算基准价差的做法，选取高频数据计算的价差估计作为基准，今后笔者还需从统计推断的角度出发研究高频价差估计的统计性质，从而考察其是否能够作为真实价差的一个好的代理值。

其二，本书所研究的有效价差估计方法的理论性质是基于 Roll 提出的基本的价格模型，该模型假设价格服从无漂移项的布朗运动。现实市场中由于很多非理想因素的存在，价格并非完全服从无漂移项的布朗过程。因此可以考虑与金融市场的实际状况相结合，将 Roll 的价格模型进行拓展，比如可以假设价格服从某一有漂移项并且存在跳跃的过程等。本书没有对价格模型进行类似的拓展，存在不足之处，这也是本研究下一步改进的方向。

第三节　进一步研究方向

根据本书得到的主要结论以及存在的不足之处，笔者进一步研究将主要集中在以下几个方向。

第一，基于已有的各种低频或者高频度量流动性的方法进行相关的实证研究。比如，由于衡量流动性的低频测度有很多方法，哪种方法适用于金融市场是个值得研究的问题，Goyenko 等(2009)、Hasbrouck(2009)等对国外市场进行了实证研究，本书对中国股票和债券市场的流动性测度也展开了比较研究。笔者计划进一步比较不同的流动性测度对中国其他金融市场(如期货、外汇市场)的适用性，探寻最适用于中国不同金融市场的流动性测度。此外，由于金融资产价格跳跃的检测是近来受关注的问题，尤其价格正向跳跃或者负向跳跃可能会对金融资产造成不同的影响，计划进一步考虑将各种低频或者高频价差的估计与跳跃检测相结合，研究跳跃对于流动性和交易成本是否产生影响，影响的程度有多大，以及正向或者负向跳跃对流动性的影响是否不同等。最后，波动率和市场活跃度是市场微观结构中的另外两个重要内要。具体来说，考察如下问题：流动性成本和波动率、交易活跃度的变化具有什么样的动态规律？流动性成本的增加对市场波动（交易活跃度）会造成什么样的影响？反过来，流动性成本又受何种因素影响，波动率等的变化是否会影响流动性成本？可进一步结合资产价格的跳跃考虑是否会对三者之间的关系产生影响，若有影响，正负向跳跃的影响有何不同？我们还可以将流动性的度量方法与资产定价等其他金融研究领域相结合，例如可以研究不同的投资者类型对股票市场的交易成本是否有影响，机构投资者或者外国投资者（QFII 等）的比例变化是否会导致信息不对称的发生等。

第二，正如本书不足之处提到的，对于基于高频数据计算得到的各种价差，国内外文献中一般是直接利用每笔交易的买卖报价、成交价格以及相应的成交量等信息进行加权平均计算得到。尚未有文献研究如此计算得到的价差是否是价差的一个好的估计，即该估计是否有偏差，有效性如何，以及是否为相合的估计等，国内外尚未有对基于连续过程的高频价差估计的性质研究。因此，笔者计划接下来考虑对金融资产的价格建立连续过程模型，进而推导高频价差估计的理论性质，为由高频数据得到的价差估计提供理论基础。

第三，买卖价差估计方法所基于的价格模型，比如 Roll 模型等都是服从无漂移项的布朗运动，笔者可以考虑将漂移项加入价格模型中，并且考虑价格的跳跃等实际因素建立更加合理完善的模型，进而再进行有效价差的估计。

参考文献

[1] 张峥,李怡宗,张玉龙,等. 中国股市流动性间接指标的检验——基于买卖价差的实证分析[J]. 经济学(季刊),2013,13(4):233～262.

[2] Acharya V V,Pedersen L H. Asset pricing with liquidity risk[J]. Journal of Financial Economics,2005,77(2):375～410.

[3] Ahn H J,Cai J,Yang C W. Which liquidity proxy measures liquidity best in emerging markets? [R]. WorkingPaper,2013,Sungkyunkwan University.

[4] Alizadeh S,Brandt M W,Diebold F X. Range-based estimation of stochastic volatility models[J]. The Journal of Finance,2002,57(3):1047～1091.

[5] Amihud Y,Lauterbach B,Mendelson H. The value of trading consolidation: Evidence from the exercise of warrants[J]. Journal of Financial and Quantitative Analysis,2003,38(4):829～846.

[6] Asparouhova,Elena,Bessembinder,et al. Liquidity biases in asset pricing tests[J]. Journal of Financial Economics,2010,96(2):215～237.

[7] Bekaert G,Harvey C R,Lundblad C. Liquidity and expected returns: lessons from emerging markets[J]. Review of Financial Studies,2007,20(6):1783～1831.

[8] Bharath S T,Pasquariello P,Wu G. Does asymmetric information drive capital structure decisions? [J]. Social Science Electronic Publishing,2009,22(8):3211～3243.

[9] Cao C,Field L C,Hanka G. Does insider trading impair market liquidity? Evidence from IPO lockup expirations[J]. Journal of Financial & Quantitative Analysis,2004,39(1):25～46.

[10] Chakrabarti R,Huang W,Jayaraman N,et al. Price and volume effects of changes in MSCI indices—nature and causes[J]. Journal of Banking & Finance,2005,29(5):1237～1264.

[11] Chakravarty S,Sarkar A. Trading costs in three U. S. bond markets[J]. Journal of Fixed Income,2003,13(1):39～48.

[12] Chan L K C,Jegadeesh N,Lakonishok J. Momentum strategies[J]. The Journal of Finance,1996,51(5):1681～1713.

[13] Choi J Y, Salandro D, Shastri K. On the estimation of bid-ask spreads: Theory and evidence[J]. Journal of Financial and Quantitative Analysis, 1988, 23(2): 219～230.

[14] Chordia T, Roll R, Subrahmanyam A. Commonality in liquidity[J]. Journal ofFinancial Economics, 2000, 56(1): 3～28.

[15] Corwin S A, Schultz P. A simple way to estimate bid-ask spreads from daily high and low prices[J]. The Journal of Finance, 2012, 67(2): 719～760.

[16] Dennis P, Strickland D. The effect of stock splits on liquidity and excess returns: evidence from shareholder ownership composition[J]. Journal of Financial Research, 2003, 26(3): 355～370.

[17] De Bondt W F M, Thaler R. Does the stock market overreact? [J]. The Journal ofFinance, 1985, 40(3): 793～805.

[18] Dick-Nielsen J, Feldhütter P, Lando D. Corporate bond liquidity before and after the onset of the subprime crisis[J]. Journal of Financial Economics, 2012, 103(3): 471～492.

[19] Feller W. The asymptotic distribution of the range of sums of independent random variables[J]. The Annals of Mathematical Statistics, 1951: 427～432.

[20] Fong K Y L, Holden C W, Trzcinka C A. What are the best liquidity proxies for global research? [J]. Review of Finance, 2017, 21(4): 1355～1401.

[21] Fujimoto A. Macroeconomic sources of systematic liquidity[R]. WorkingPaper, 2004, University of Alberta.

[22] Fuller W A. Introduction to Statistical Time Series[M]. Second Edition, John Wiley & Sons, INC, 1996.

[23] Gehrig T, Fohlin C. trading costs in early securities markets: The case of the Berlin stock exchange 1880—1910[J]. Review of Finance, 2006, 10(4): 587～612.

[24] Glosten L R, Harris L E. Estimating the components of the bid/ask spread[J]. Journal of Financial Economics, 1988, 21(1): 123～142.

[25] Goldberg D E. Genetic algorithms in search, optimization & machine learning[M]. Addison—Wesley, 1989.

[26] Goyenko R Y. Stock and bond pricing with liquidity risk[J]. SSRN Electronic Journal, 2006.

[27] Goyenko R Y, Holden C W, Trzcinka C A. Do liquidity measures measure liquidity? [J]. Journal of Financial Economics, 2009, 92(2): 153～181.

[28] Griffin J M, Kelly P J, Nardari F. Do market efficiency measures yield correct inferences? A comparison of developed and emerging markets[J]. Review of Financial Studies, 2010, 23(8): 3225～3277.

[29] Han S, Zhou H. Nondefault bond spread and market trading liquidity[R]. Technical report, Washington DC, Federal Reserve Board, 2007.

[30] Harris L. Statistical properties of the Roll serial covariance bid/ask spread estimator [J]. Journal of Finance, 1990, 45: 579～590.

[31] Hasbrouck J. Liquidity in the futures pits: inferring market dynamics from incomplete data[J]. Journal of Financial & Quantitative Analysis, 2004, 39(2): 305～326.

[32] Hasbrouck J. Trading costs and returns for U. S. equities: estimating effective costs from daily data[J]. Journal of Finance, 2009, 64(3): 1445～1477.

[33] Heflin F, Shaw K W. Blockholder ownership and market liquidity[J]. Journal of Financial & Quantitative Analysis, 2000, 35(4): 621～633.

[34] Holden C. New low-frequency liquidity measures[J]. Journal of Financial Markets, 2009, 12: 778～813.

[35] Hong G, Warga A. An empirical study of bond market transactions[J]. Financial Analysts Journal, 2000, 56(2): 32～46.

[36] Huang R D, Stoll H R. The components of the bid-ask spread: A general approach[J]. Review of Financial Studies, 1997, 47: 164～173.

[37] Jegadeesh N, Titman S. Profitability of momentum strategies: An evaluation of alternative explanations[J]. Journal of Finance, 2001, 56(2): 699～720.

[38] Karnaukh N, Ranaldo A, Söderlind P. Understanding FX liquidity[J]. Review of Financial Studies, 2015, 28(11): 3073～3108.

[39] Kim J, Lin J C, Singh A, et al. Dual-class splits and stock liquidity[R]. WorkingPaper, 2007, Case Western University.

[40] Korajczyk R A, Sadka R. Pricing the commonality across alternative measures of liquidity [J]. Journal of Financial Economics, 2008, 87(1): 45～72.

[41] Kyle A S. Continuous auctions and insider trading[J]. Econometrica, 1985, 53: 1315～

1335.

[42] Lerner J, Schoar A. The illiquidity puzzle: theory and evidence from private equity [J]. Journal of Financial Economics, 2004, 72(1): 3～40.

[43] Lesmond D, Senbet L, O'Connor P. Leverage Recapitalizations and Liquidity[J]. SSRN Electronic Journal, 2008.

[44] Lesmond D, O'Connor P, Senbet L. Capital Structure and Equity Liquidity[J]. Social Science Electronic Publishing, 2008.

[45] Lesmond D, Ogden J, Trzcinka C. A new estimate of transaction costs[J]. Review of Financial Studies, 1999, 12(5): 1113～1141.

[46] Lesmond D, Schill M, Zhou C. The illusory nature of momentum profits[J]. Journal of Financial Economics, 2004, 71(2): 349～380.

[47] Lipson M, Mortal S. Capital structure decisions and equity market liquidity [R]. Working Paper, 2004, University of Virginia.

[48] Madhavan A, Richardson M, Roomans M. Why do security prices change? A transaction-level analysis of NYSE stocks [J]. Review of Financial Studies, 1997, 10 (4): 1035～1064.

[49] Marshall B R, Nguyen N H, Visaltanachoti N. Commodity liquidity measurement and transaction costs[J]. Review of Financial Studies, 2012, 25(2): 599～638.

[50] Mei J, Xiong W, Scheinkman J A. Speculative Trading and stock prices: Evidence from Chinese A-B share premia[J]. Social Science Electronic Publishing, 2005, 10(2): 225～255.

[51] Parkinson M. The extreme value method for estimating the variance of the rate of return[J]. Journal of Business, 1980, 53(1): 61～65.

[52] Petersen M A, Fialkowski D. Posted versus effective spreads: Good prices or bad quotes? [J]. Journal of Financial Economics, 1994, 35(3): 269～292.

[53] Pham P K, Kalev P S, Steen A B. Underpricing, stock allocation, ownership structure and post-listing liquidity of newly listed firms[J]. Journal of Banking & Finance, 2003, 27(5): 919～947.

[54] Roll R. A simple implicit measure of the effective bid-ask spread in an efficient market [J]. Journal of Finance, 1984, 39(4): 1127～1139.

[55] Sadka R. Liquidity risk and asset pricing[J]. Journal of Financial Economics,2006,80: 309～349.

[56] Schestag R,Schuster P,Uhrig-Homburg M. Measuring liquidity in bond markets[J]. Review of Financial Studies,2016,29(5): 1170～1219.

[57] Schrand C, Verrecchia R. Disclosure choice and cost of capital: evidence from underpricing ininitial public offerings [R]. WorkingPaper, 2004, University of Pennsylvania.

[58] Schultz P. Corporate bond trading costs: a peek behind the curtain[J]. The Journal of Finance,2001,56(2): 677～698.

[59] White H. Estimation,inference and specification analysis[M]. New York,Cambridge University Press,1994.

附　录

附录 A　第二章相关定理证明

一、引理 2.1 的证明

（1）由于 $E(\Delta p_t^o)=0$，$\mathrm{Var}(\Delta p_t^o)=\sigma^2+\frac{1}{2}s^2$，$\Delta p_t^o$ 是平稳序列，并且

$\mathrm{Cov}(\Delta p_t^o,\Delta p_{t-1}^o)=-\frac{1}{4}s^2$，$\mathrm{Cov}(\Delta p_t^o,\Delta p_{t-k}^o)=0$，$k\geqslant 2$，易得

$$bias(\hat{c}) = E\hat{c}-c=-\frac{1}{n}(c+\sigma^2)+o\left(\frac{1}{n}\right)$$

根据 Wold 定理，Δp_t^o 具有 MA(1)形式，即存在均值为 0、方差为 σ_e^2 的不相关序列 $\{e_t\}$ 使得 $\Delta p_t^o=e_t+\theta e_{t-1}$. 由 Fuller(1996)定理 6.2.2 可得，

$$\begin{aligned}\lim_{n\to\infty}\frac{n^2}{n-h}\mathrm{Cov}(\hat{\gamma}(h),\hat{\gamma}(q)) = {} & (\eta-3)\gamma(h)\gamma(q)+\sum_{p=-\infty}^{+\infty}[\gamma(p)\gamma(p-h+q)\\ & +\gamma(p+q)\gamma(p-h)],\quad \forall h,q\in\mathbf{Z}\end{aligned}$$

其中，$\eta=Ee_t^t/\sigma_e^4$。因此

$$\lim_{n\to\infty} n\mathrm{Var}(\hat{c}) = (\eta-3)\gamma(1)^2+\sum_{p=-\infty}^{+\infty}[\gamma(p)\gamma(p)+\gamma(p+1)\gamma(p-1)]$$

可得

$$\begin{aligned}\mathrm{Var}(\hat{c}) &= \frac{1}{n}[(\eta+4)c^2+\sigma^4-4c\sigma^2]+o\left(\frac{1}{n}\right)\\ &= \frac{1}{n}\left[\left(\frac{\eta}{16}+\frac{1}{4}\right)s^4+\sigma^4+\sigma^2 s^2\right]+o\left(\frac{1}{n}\right)\end{aligned}$$

（2）由 Fuller(1996)书中的定理 6.3.5 及 6.3.6 可得

$$p\lim_{n\to\infty}\hat{c}=c,\sqrt{n}(\hat{c}-c)\xrightarrow{d}N(0,(\eta+4)c^2+\sigma^4-4c\sigma^2).$$

二、定理 2.1 的证明

(1) 由 Jensen 不等式可知 $E(\hat{s}_{roll})<s$

$$E(\hat{s}_{roll})=2E\left[\sqrt{-c}+\left(-\frac{1}{2}\right)\frac{1}{\sqrt{-c}}(\hat{c}-c)\right.$$
$$\left.+\left(\frac{1}{2}\right)\left(-\frac{1}{2}\right)^2\frac{-1}{\sqrt{(-c)^3}}(\hat{c}-c)^2+o\left(\frac{1}{n}\right)\right]$$
$$=s-\frac{s}{n}\left(1+\frac{\eta}{8}+\frac{2\sigma^4}{s^4}\right)+o\left(\frac{1}{n}\right)$$

故

$$bias(\hat{s}_{roll})=-\frac{s}{n}\left(1+\frac{\eta}{8}+\frac{2\sigma^4}{s^4}\right)+o\left(\frac{1}{n}\right)$$
$$\mathrm{Var}(\hat{s}_{roll})=E(\hat{s}_{roll}{}^2)-[E(\hat{s}_{roll})]^2$$
$$=\frac{1}{n}\left[\frac{4\sigma^4}{s^2}+4\sigma^2+\left(\frac{\eta}{4}+1\right)s^2\right]+o\left(\frac{1}{n}\right)$$

(2) 由引理 2.1,$p\lim\limits_{n\to\infty}\hat{c}=c$,$\hat{s}_{roll}=2\sqrt{-\hat{c}}$,根据 Slutsky 定理可知 $p\lim\limits_{n\to\infty}\hat{s}_{roll}=s$。

由引理 2.1,$\sqrt{n}(\hat{c}-c)\xrightarrow{d}N(0,(\eta+4)c^2+\sigma^4-4c\sigma^2)$ 以及 $\hat{s}_{roll}=2\sqrt{-\hat{c}}$,再由 delta 方法立得 $\sqrt{n}(\hat{s}_{roll}-s)\xrightarrow{d}N(0,\sigma^2(\hat{s}_{roll}))$。

三、引理 2.2 的证明

(1) $\mathrm{Var}(\hat{\gamma}_1)=\frac{1}{n}\mathrm{Var}(R_t^2+2sR_t)$

$$=\frac{1}{n}[\mathrm{Var}(R_t^2)+4s^2\mathrm{Var}(R_t)+4sE(R_t^3)-4sE(R_t^2)E(R_t)]$$
$$=\frac{1}{n}[(k_4-k_2^2)\sigma^4+4(k_3-k_1k_2)s\sigma^3+4(k_2-k_1^2)s^2\sigma^2]$$

$$\mathrm{Var}(\hat{\gamma}_2)=\frac{1}{(n-1)^2}\mathrm{Var}\left[\sum_{t=1}^{n-1}(R_{t,t+1}^2+2sR_{t,t+1})\right]$$
$$=\frac{1}{n-1}\{\mathrm{Var}(R_{t,t+1}^2)+4s\mathrm{Cov}(R_{t,t+1},R_{t,t+1}^2)+4s^2\mathrm{Var}(R_{t,t+1})$$

$$+2[\text{Cov}(R_{t,t+1}^2,R_{t+1,t+2}^2)+2s\text{Cov}(R_{t,t+1},R_{t+1,t+2}^2)$$

$$+2s\text{Cov}(R_{t,t+1}^2,R_{t+1,t+2})+4s^2\text{Cov}(R_{t,t+1},R_{t+1,t+2})]\}$$

$$=\frac{1}{n}\{(4+8\rho_{22})(k_4-k_2^2)\sigma^4+8\sqrt{2}[k_3-k_1k_2$$

$$+(\rho_{12}+\rho_{21})\sqrt{k_4-k_2^2}\sqrt{k_2-k_1^2}]s\sigma^3+8(1+2\rho_{11})(k_2-k_1^2)s^2\sigma^2\}$$

$$+o\left(\frac{1}{n}\right),$$

$$\text{Cov}(\hat{\gamma}_1,\hat{\gamma}_2)=\frac{1}{n(n-1)}\text{Cov}\left[\sum_{t=1}^{n-1}(R_t^2+2sR_t),\sum_{t=1}^{n-1}(R_{t,t+1}^2+2sR_{t,t+1})\right]$$

$$=\frac{1}{n}\{\text{Cov}(R_t^2+R_{t+1}^2,R_{t,t+1}^2)+2s\text{Cov}(R_t+R_{t+1},R_{t,t+1}^2)$$

$$+2s\text{Cov}(R_t^2+R_{t+1}^2,R_{t,t+1})+4s^2\text{Cov}(R_t^2+R_{t+1},R_{t,t+1})\}$$

$$=\frac{1}{n}[4\delta_{22}(k_4-k_2^2)\sigma^4+4\sqrt{2}(\delta_{21}+\sqrt{2}\delta_{12})\sqrt{k_4-k_2^2}\sqrt{k_2-k_1^2}s\sigma^3$$

$$+8\sqrt{2}\delta_{11}(k_2-k_1^2)s^2\sigma^2]$$

（2）由大数定律得

$$p\lim_{n\to\infty}\hat{\gamma}_2=\gamma_2,p\lim_{n\to\infty}\hat{\gamma}_2=\gamma_2$$

由中心极限定理可得

$$\sqrt{n}\begin{pmatrix}\hat{\gamma}_1-\gamma_2\\ \hat{\gamma}_2-\gamma_2\end{pmatrix}\xrightarrow{d}N(0,\Sigma)$$

其中，$k_i(i=1,2,3,4)$，ρ_{ij} 和 $\delta_{ij}(i,j=1,2)$ 及 Σ 详见引理 2.2。

四、定理 2.2 的证明

（1）$s_{hl}=f(\gamma_2,\gamma_2)=\dfrac{\sqrt{2\gamma_2}-\sqrt{\gamma_2}}{\sqrt{2}-1}$

$$E(\hat{s}_{hl})=Ef(\hat{\gamma}_2,\hat{\gamma}_2)$$

$$=f(\gamma_2,\gamma_2)+f_\beta(\gamma_2,\gamma_2)E(\hat{\gamma}_2-\gamma_2)+f_\gamma(\gamma_2,\gamma_2)E(\hat{\gamma}_2-\gamma_2)$$

$$+\frac{1}{2}f_{11}(\gamma_2,\gamma_2)E(\hat{\gamma}_1-\gamma_2)^2+\frac{1}{2}f_{22}(\gamma_2,\gamma_2)E(\hat{\gamma}_2-\gamma_2)^2$$

$$+ f_{1,2}(\gamma_1,\gamma_2)E(\hat{\gamma}_1-\gamma_1)(\hat{\gamma}_2-\gamma_2)+o\left(\frac{1}{n}\right)$$

$$= s-\frac{(2+\sqrt{2})\mathrm{Var}(\hat{\gamma}_1)}{8\left[k_2\sigma^2+2k_1 s\sigma+s^2\right]^{3/2}}-\frac{(1+\sqrt{2})\mathrm{Var}(\hat{\gamma}_2)}{8\left[2k_2\sigma^2+2\sqrt{2}k_1 s\sigma+s^2\right]^{3/2}}+o\left(\frac{1}{n}\right)$$

$$= s+\frac{2+\sqrt{2}}{8n}\left[-\frac{\sigma_{11}}{(k_2\sigma^2+2k_1 s\sigma+s^2)^{3/2}}+\frac{\sigma_{22}}{\sqrt{2}\,(2k_2\sigma^2+2\sqrt{2}k_1 s\sigma+s^2)^{3/2}}\right]$$

$$+o\left(\frac{1}{n}\right),$$

$$E\,(\hat{s}_{hl}-s)^2 = E\,(f(\hat{\gamma}_1,\hat{\gamma}_2)-f(\gamma_1,\gamma_2))^2$$

$$= E\Big[f(\gamma_1,\gamma_2)+f_\beta(\gamma_1,\gamma_2)(\hat{\gamma}_1-\gamma_1)+f_\gamma(\gamma_1,\gamma_2)(\hat{\gamma}_2-\gamma_2)$$

$$+\frac{1}{2}f_{11}(\gamma_1,\gamma_2)\,(\hat{\gamma}_1-\gamma_1)^2+\frac{1}{2}f_{22}(\gamma_1,\gamma_2)(\hat{\gamma}_2-\gamma_2)^2$$

$$+f_{1,2}(\gamma_1,\gamma_2)(\hat{\gamma}_1-\gamma_2)(\hat{\gamma}_1-\gamma_1)+o\left(\frac{1}{n}\right)-f(\gamma_2,\gamma_2)\Big]^2$$

$$= E[f_1^2(\gamma_2,\gamma_2)(\hat{\gamma}_2-\gamma_2)^2+f_\gamma^2(\gamma_2,\gamma_2)(\hat{\gamma}_2-\gamma_2)^2$$

$$+2f_1(\gamma_2,\gamma_2)f_\gamma(\gamma_2,\gamma_2)(\hat{\gamma}_2-\gamma_2)(\hat{\gamma}_2-\gamma_2)]+o\left(\frac{1}{n}\right)$$

$$= \frac{3+2\sqrt{2}}{4n}\left[\frac{2\sigma_{11}}{k_2\sigma^2+2k_1 s\sigma+s^2}+\frac{\sigma_{22}}{2k_2\sigma^2+2\sqrt{2}k_1 s\sigma+s^2}\right]$$

$$-\frac{3+2\sqrt{2}}{4n}\left[\frac{2\sqrt{2}\sigma_{12}}{(k_2\sigma^2+2k_1 s\sigma+s^2)^{1/2}\,(2k_2\sigma^2+2\sqrt{2}k_1 s\sigma+s^2)^{1/2}}\right]$$

$$+o\left(\frac{1}{n}\right).$$

(2) $\hat{s}_{hl}=f(\hat{\gamma}_1,\hat{\gamma}_2)$，根据引理 2.3，易得

$$p\lim_{n\to\infty}\hat{s}_{hl}=s,\sqrt{n}(\hat{s}_{hl}-s)\xrightarrow{d}N(0,\sigma^2(\hat{s}_{hl}))$$

五、推论 2.1 的证明

(1) 不妨设 $p=s/\sigma$，当 n 足够大时，

$$|\,bias(\hat{s}_{roll})\,|=\frac{\sigma}{n}\left[\left(1+\frac{\eta}{8}\right)p+\frac{2}{p^3}\right]+o\left(\frac{1}{n}\right)\geqslant\frac{4\sqrt[4]{6}\,(1+\eta/8)^{3/4}}{3}\,\frac{\sigma}{n}$$

$$
\begin{aligned}
|bias(\hat{s}_{hl})| = {} & \frac{(2+\sqrt{2})\sigma}{8n}\left\{-\frac{(k_4-k_2^2)+4(k_3-k_1k_2)p+4(k_2-k_1^2)p^2}{(k_2+2k_1p+p^2)^{3/2}}\right. \\
& \left.+\frac{4(k_4-k_2^2)(1+2\rho_{11})+8\sqrt{2}[k_3-k_1k_2+(\rho_{12}+\rho_{21})\sqrt{k_4-k_2^2}\sqrt{k_2-k_1^2}]p+8(1+2\rho_{11})(k_2-k_1^2)p^2}{\sqrt{2}(2k_2+2\sqrt{2}k_1p+p^2)^{3/2}}\right\} \\
& +o\left(\frac{1}{n}\right)\leqslant\frac{(2+\sqrt{2})\rho_{22}(k_4-k_2^2)}{4k_2^{3/2}}\frac{\sigma}{n}
\end{aligned}
$$

由 $\rho_{22}=0.3304$，

$$
\frac{|bias(\hat{s}_{roll})|}{|bias(\hat{s}_{hl})|}>\frac{16\sqrt[4]{6}(1+\eta/8)^{3/4}k_2^{3/2}}{3(2+\sqrt{2})\rho_{22}(k_4-k_2^2)}>11
$$

(2) 当 $n\to\infty$，

$$
|\mathrm{Var}(\hat{s}_{roll})|=\frac{\sigma^2}{n}\left[\left(1+\frac{\eta}{4}\right)p^2+\frac{4}{p^2}+4\right]+o\left(\frac{1}{n}\right)\geqslant(4+2\sqrt{\eta+4})\frac{\sigma^2}{n}
$$

$$
\begin{aligned}
|\mathrm{Var}(\hat{s}_{hl})| = {} & \frac{(3+2\sqrt{2})\sigma^2}{4n}\left\{-\frac{8\sqrt{2}\delta_{22}(k_4-k_2^2)+(16\sqrt{2}\delta_{12}+16\delta_{21})\sqrt{k4-k_2^2}\sqrt{k_2-k_1^2}p+32\delta_{11}(k_2-k_1^2)p^2}{(k_2+2k_1p+p^2)^{1/2}(2k_2+2\sqrt{2}k_1p+p^2)^{1/2}}\right. \\
& +\frac{(4+8\rho_{22})(k_4-k_2^2)+8\sqrt{2}[k_3-k_1k_2+(\rho_{12}+\rho_{21})\sqrt{k_4-k_2^2}\sqrt{k_2-k_1^2}]p+8(1+2\rho_{11})(k_2-k_1^2)p^2}{2k_2+2\sqrt{2}k_1p+p^2} \\
& \left.+\frac{2(k_4-k_2^2)+4(k_3-k_1k_2)p+4(k_2-k_1^2)p^2}{k_2+2k_1p+p^2}\right\}+o\left(\frac{1}{n}\right)\leqslant\frac{(4+4\rho_{22}-8\delta_{22})(k_4-k_2^2)}{k_2}\frac{\sigma^2}{n}
\end{aligned}
$$

由 $\rho_{22}=0.3304$，$\delta_{22}=0.5767$，易得

$$
\frac{RMSE(\hat{s}_{roll})}{RMSE(\hat{s}_{hl})}>\frac{[(\eta+4)^{1/2}+2]k_2}{(2+2\rho_{22}-4\delta_{22})(k_4-k_2^2)}>2.45
$$

附录 B 第三章相关定理证明

一、引理 3.1 的证明

(1) $\mathrm{Var}(\hat{\beta}_1)=\dfrac{1}{n}\mathrm{Var}(R_t)=\dfrac{(k_2-k_1^2)\sigma^2}{n}$

$$
\begin{aligned}
\mathrm{Var}(\hat{\beta}_2) &= \frac{1}{(n-1)^2}\mathrm{Var}\left(\sum_{t=1}^{n-1}R_{t,t+1}\right)\\
&= \frac{1}{(n-1)^2}\left[(n-1)\mathrm{Var}(R_{t,t+1})+2(n-2)\mathrm{Cov}(R_{t,t+1},R_{t+1,t+2})\right]\\
&= \frac{2(1+2\rho_{11})(k_2-k_1^2)\sigma^2}{n}+o\left(\frac{1}{n}\right)
\end{aligned}
$$

$$
\begin{aligned}
\mathrm{Cov}(\hat{\beta}_1,\hat{\beta}_2) &= \frac{1}{n(n-1)}\mathrm{Cov}\left(\sum_{t=1}^{n}R_t,\sum_{t=1}^{n-1}R_{t,t+1}\right)\\
&= \frac{1}{n}\mathrm{Cov}(R_t+R_{t+1},R_{t,t+1})\\
&= \frac{2\sqrt{2}\delta_{11}(k_2-k_1^2)\sigma^2}{n}
\end{aligned}
$$

(2) 由大数定律易得

$$
p\lim_{n\to\infty}\hat{\beta}_1=\beta_1,\ p\lim_{n\to\infty}\hat{\beta}_2=\beta_2
$$

由中心极限定理可得

$$
\sqrt{n}\begin{pmatrix}\hat{\beta}_1-\beta_1\\ \hat{\beta}_2-\beta_2\end{pmatrix}\xrightarrow{d}N(0,\Sigma_1)
$$

二、定理 3.1 的证明

(1) $s_1=f_1(\beta_1,\beta_2)=\dfrac{\sqrt{2}\beta_1-\beta_2}{\sqrt{2}-1}$

$$
\begin{aligned}
E(\hat{s}_1) &= Ef_1(\hat{\beta}_1,\hat{\beta}_2)\\
&= f_1(\beta_1,\beta_2)+f_{1,\beta_1}(\beta_1,\beta_2)E(\hat{\beta}_1-\beta_1)+f_{1,\beta_2}(\beta_1,\beta_2)E(\hat{\beta}_2-\beta_2)
\end{aligned}
$$

$$+o\left(\frac{1}{n}\right)=s$$

$$\begin{aligned}E(\hat{s}_1-s)^2&=E[f_1(\hat{\beta}_1,\hat{\beta}_2)-f_1(\beta_1,\beta_2)]^2\\&=E\Big[f_1(\beta_1,\beta_2)+f_{1,\beta_1}(\beta_1,\beta_2)(\hat{\beta}_1-\beta_1)\\&\quad+f_{1,\beta_2}(\beta_1,\beta_2)(\hat{\beta}_2-\beta_2)+o\left(\frac{1}{n}\right)-f(\beta_1,\beta_2)\Big]^2\\&=\frac{2}{3-2\sqrt{2}}\mathrm{Var}(\hat{\beta}_1)+\frac{1}{3-2\sqrt{2}}\mathrm{Var}(\hat{\beta}_2)-\frac{2\sqrt{2}}{3-2\sqrt{2}}\mathrm{Cov}(\hat{\beta}_1,\hat{\beta}_2)\\&\quad+o\left(\frac{1}{n}\right)\\&=\frac{(12+8\sqrt{2})(1+\rho_{11}-2\delta_{11})(k_2-k_1^2)\sigma^2}{n}+o\left(\frac{1}{n}\right)\end{aligned}$$

(2) $\hat{s}_1=f_1(\hat{\beta}_1,\hat{\beta}_2)$，根据引理3.1可得

$$p\lim_{n\to\infty}\hat{s}_1=s,\sqrt{n}(\hat{s}_1-s)\xrightarrow{d}N(0,\sigma_1^2(s))$$

三、引理3.2的证明

(1) $\mathrm{Var}(\hat{\gamma}_1)=\frac{1}{n}\mathrm{Var}(R_t^2+2sR_t)$

$$\begin{aligned}&=\frac{1}{n}[\mathrm{Var}(R_t^2)+4s^2\mathrm{Var}(R_t)+4sE(R_t^3)-4sE(R_t^2)E(R_t)]\\&=\frac{1}{n}[(k_4-k_2^2)\sigma^4+4(k_3-k_1k_2)s\sigma^3+4(k_2-k_1^2)s^2\sigma^2]\end{aligned}$$

$$\begin{aligned}\mathrm{Cov}(\hat{\beta}_1,\hat{\gamma}_1)&=\frac{1}{n}[\mathrm{Cov}(R_t,R_t^2)+2s\mathrm{Var}(R_t)]\\&=\frac{(k_3-k_1k_2)\sigma^3+2(k_2-k_1^2)s\sigma^2}{n}\end{aligned}$$

(2) 由大数定律及中心极限定理得

$$p\lim_{n\to\infty}\hat{\beta}_1=\beta_1,p\lim_{n\to\infty}\hat{\gamma}_1=\gamma_1,\sqrt{n}\begin{pmatrix}\hat{\beta}_1-\beta_1\\\hat{\gamma}_1-\gamma_1\end{pmatrix}\xrightarrow{d}N(0,\Sigma_2)$$

四、定理 3.2 的证明

(1) 令 $s_2 = f_2(\beta_1, \gamma_1) = \beta_1 - \dfrac{k_1}{\sqrt{k_2 - k_1^2}} \sqrt{\gamma_1 - \beta_1^2}$

$$
\begin{aligned}
E(\hat{s}_2) &= Ef_2(\hat{\beta}_1, \hat{\gamma}_1) \\
&= f_2(\beta_1, \gamma_1) + f_{2,\beta_1}(\beta_1, \gamma_1)E(\hat{\beta}_1 - \beta_1) + f_{2,\gamma_1}(\beta_1, \gamma_1)E(\hat{\gamma}_1 - \gamma_1) \\
&\quad + \frac{1}{2} f_{2,\beta_1\beta_1}(\beta_1, \gamma_1)E(\hat{\beta}_1 - \beta_1)^2 + \frac{1}{2} f_{2,\gamma_1\gamma_1}(\beta_1, \gamma_1)E(\hat{\gamma}_1 - \gamma_1)^2 \\
&\quad + f_{2,\beta_1\gamma_1}(\beta_1, \gamma_1)E(\hat{\beta}_1 - \beta_1)(\hat{\gamma}_1 - \gamma_1) + o\left(\frac{1}{n}\right) \\
&= s + \frac{k_1k_2\sigma^2 + 2k_1^2 s\sigma + k_1 s^2}{2\,(k_2 - k_1^2)^2\sigma^3}\mathrm{Var}(\hat{\beta}_1) + \frac{k_1}{8\,(k_2 - k_1^2)^2\sigma^3}\mathrm{Var}(\hat{\gamma}_1) \\
&\quad - \frac{k_1^2\sigma + k_1 s}{2\,(k_2 - k_1^2)^2\sigma^3}\mathrm{Cov}(\hat{\beta}_1, \hat{\gamma}_1) + o\left(\frac{1}{n}\right) \\
&= s + \frac{k_1k_4 + 3k_1k_2^2 - 4k_1^2k_3}{8\,(k_2 - k_1^2)^2 n}\sigma + o\left(\frac{1}{n}\right)
\end{aligned}
$$

$$
\begin{aligned}
E\,(\hat{s}_2 - s)^2 &= E\,[f_2(\hat{\beta}_1, \hat{\gamma}_1) - f_2(\beta_1, \gamma_1)]^2 \\
&= E\Big[f_2(\beta_1, \gamma_1) + f_{2,\beta_1}(\beta_1, \gamma_1)(\hat{\beta}_1 - \beta_1) + f_{2,\gamma_1}(\beta_1, \gamma_1)(\hat{\gamma}_1 - \gamma_1) \\
&\quad + \frac{1}{2} f_{2,\beta_1\beta_1}(\beta_1, \gamma_1)\,(\hat{\beta}_1 - \beta_1)^2 + \frac{1}{2} f_{2,\gamma_1\gamma_1}(\beta_1, \gamma_1)(\hat{\gamma}_1 - \gamma_1)^2 \\
&\quad + f_{2,\beta_1\gamma_1}(\beta_1, \gamma_1)(\hat{\beta}_1 - \beta_1)(\hat{\gamma}_1 - \gamma_1) + o\left(\frac{1}{n}\right) - f_2(\beta_1, \gamma_1)\Big]^2 \\
&= \left[1 + \frac{k_1^2\sigma + k_1 s}{(k_2 - k_1^2)\sigma}\right]^2 \mathrm{Var}(\hat{\beta}_1) \\
&\quad - \frac{k_1}{(k_2 - k_1^2)\sigma}\left[1 + \frac{k_1^2\sigma + k_1 s}{(k_2 - k_1^2)\sigma}\right]\mathrm{Cov}(\hat{\beta}_1, \hat{\gamma}_1) \\
&\quad + \frac{k_1^2}{4\,(k_2 - k_1^2)^2\sigma^2}\mathrm{Var}(\hat{\gamma}_1) + o\left(\frac{1}{n}\right) \\
&= \frac{4k_2^3 + k_1^2k_4 - 4k_1k_2k_3 - k_1^2k_2^2}{4\,(k_2 - k_1^2)^2 n}\sigma^2 + o\left(\frac{1}{n}\right)
\end{aligned}
$$

（2）$\hat{s}_2 = f_2(\hat{\beta}_1, \hat{\gamma}_1)$，根据引理 3.2

$$p\lim_{n\to\infty} \hat{s}_2 = s, \sqrt{n}(\hat{s}_2 - s) \xrightarrow{d} N(0, \sigma_2^2(s))$$

五、引理 3.3 的证明

（1）$\mathrm{Var}(\hat{\gamma}_2) = \frac{1}{(n-1)^2}\mathrm{Var}\Big[\sum_{t=1}^{n-1}(R_{t,t+1}^2 + 2sR_{t,t+1}\Big]$

$$= \frac{1}{n-1}\{\mathrm{Var}(R_{t,t+1}^2) + 4s\mathrm{Cov}(R_{t,t+1}, R_{t,t+1}^2) + 4s^2\mathrm{Var}(R_{t,t+1})$$

$$+ 2[\mathrm{Cov}(R_{t,t+1}^2, R_{t+1,t+2}^2) + 2s\mathrm{Cov}(R_{t,t+1}, R_{t+1,t+2}^2)$$

$$+ 2s\mathrm{Cov}(R_{t,t+1}^2, R_{t+1,t+2}) + 4s^2\mathrm{Cov}(R_{t,t+1}, R_{t+1,t+2})]\}$$

$$= \frac{1}{n}\{(4 + 8\rho_{22})(k_4 - k_2^2)\sigma^4 + 8\sqrt{2}[k_3 - k_1k_2$$

$$+ (\rho_{12} + \rho_{21})\sqrt{k_4 - k_2^2}\sqrt{k_2 - k_1^2}]s\sigma^3$$

$$+ 8(1 + 2\rho_{11})(k_2 - k_1^2)s^2\sigma^2\} + o\left(\frac{1}{n}\right)$$

$$\mathrm{Cov}(\hat{\beta}_2, \hat{\gamma}_2) = \frac{1}{(n-1)^2}\mathrm{Cov}\Big[\sum_{t=1}^{n-1}R_{t,1}, \sum_{t=1}^{n-1}(R_{t,t+1}^2 + 2sR_{t,t+1})\Big]$$

$$= \frac{1}{n-1}[\mathrm{Cov}(R_{t,t+1}, R_{t,t+1}^2) + 2s\mathrm{Cov}(R_{t,t+1}, R_{t,t+1})$$

$$+ \mathrm{Cov}(R_{t,t+1}, R_{t+1,t+2}^2) + \mathrm{Cov}(R_{t+1,t+2}, R_{t,t+1}^2)$$

$$+ 4s\mathrm{Cov}(R_{t,t+1}, R_{t+1,t+2})] = \frac{1}{n-1}\{2\sqrt{2}[k_3 - k_1k_2$$

$$+ (\rho_{12} + \rho_{21})\sqrt{(k_4 - k_2^2)}\sqrt{(k_2 - k_1^2)}]\sigma^3$$

$$+ 4(1 + 2\rho_{11})(k_2 - k_1^2)s\sigma^2\} + o\left(\frac{1}{n}\right)$$

（2）由大数定律及中心极限定理可得

$$p\lim_{n\to\infty} \hat{\gamma}_2 = \gamma_2, \sqrt{n}\begin{pmatrix}\hat{\beta}_2 - \beta_2 \\ \hat{\gamma}_2 - \gamma_2\end{pmatrix} \xrightarrow{d} N(0, \Sigma_3)$$

六、定理3.3的证明

(1) 令 $s_3=f_3(\beta_2,\gamma_2)=\beta_2-\dfrac{k_1}{\sqrt{k_2-k_1^2}}\sqrt{\gamma_2-\beta_2^2}$

$$
\begin{aligned}
E(\hat{s}_3) &= Ef_3(\hat{\beta}_2,\hat{\gamma}_2)\\
&= f_3(\beta_2,\gamma_2)+f_{3,\beta_2}(\beta_2,\gamma_2)E(\hat{\beta}_2-\beta_2)+f_{3,\gamma_2}(\beta_2,\gamma_2)E(\hat{\gamma}_2-\gamma_2)\\
&\quad+\frac{1}{2}f_{3,\beta_2\beta_2}(\beta_2,\gamma_2)E(\hat{\beta}_2-\beta_2)^2+\frac{1}{2}f_{3,\gamma_2\gamma_2}(\beta_2,\gamma_2)E(\hat{\gamma}_2-\gamma_2)^2\\
&\quad+f_{3,\beta_2\gamma_2}(\beta_2,\gamma_2)E(\hat{\beta}_2-\beta_2)(\hat{\gamma}_2-\gamma_2)+o\left(\frac{1}{n}\right)\\
&= s+\frac{2k_1k_2\sigma^2+2\sqrt{2}k_1^2s\sigma+k_1s^2}{4\sqrt{2}(k_2-k_1^2)^2\sigma^3}\mathrm{Var}(\hat{\beta}_2)\\
&\quad+\frac{k_1}{16\sqrt{2}(k_2-k_1^2)^2\sigma^3}\mathrm{Var}(\hat{\gamma}_2)-\frac{\sqrt{2}k_1^2\sigma+k_1s}{4\sqrt{2}(k_2-k_1^2)^2\sigma^3}\mathrm{Cov}(\hat{\beta}_2,\hat{\gamma}_2)+o\left(\frac{1}{n}\right)\\
&= s+\frac{1}{2\sqrt{2}(k_2-k_1^2)^2n}\Big[2(1+2\rho_{11})k_1k_2(k_2-k_1^2)\\
&\quad+\left(\frac{1}{2}+\rho_{22}\right)k_1(k_4-k_2^2)-2k_1^2(k_3-k_1k_2)\\
&\quad-2(\rho_{12}+\rho_{21})k_1^2\sqrt{k_4-k_2^2}\sqrt{k_2-k_1^2}\Big]\sigma+o\left(\frac{1}{n}\right)
\end{aligned}
$$

$$
\begin{aligned}
E(\hat{s}_3-s)^2 &= E[f_3(\hat{\beta}_2,\hat{\gamma}_2)-f_3(\beta_2,\gamma_2)]^2\\
&= E\Big[f_3(\beta_2,\gamma_2)+f_{3,\beta_2}(\beta_2,\gamma_2)(\hat{\beta}_2-\beta_2)+f_{3,\gamma_2}(\beta_2,\gamma_2)(\hat{\gamma}_2-\gamma_2)\\
&\quad+\frac{1}{2}f_{3,\beta_2\beta_2}(\beta_2,\gamma_2)(\hat{\beta}_2-\beta_2)^2+\frac{1}{2}f_{3,\gamma_2\gamma_2}(\beta_2,\gamma_2)(\hat{\gamma}_2-\gamma_2)^2\\
&\quad+f_{3,\beta_2\gamma_2}(\beta_2,\gamma_2)(\hat{\beta}_2-\beta_2)(\hat{\gamma}_2-\gamma_2)+o\left(\frac{1}{n}\right)-f_3(\beta_2,\gamma_2)\Big]^2\\
&= \left[1+\frac{\sqrt{2}k_1^2\sigma+k_1s}{\sqrt{2}(k_2-k_1^2)\sigma}\right]^2\mathrm{Var}(\hat{\beta}_2)\\
&\quad-\frac{k_1}{\sqrt{2}(k_2-k_1^2)\sigma}\left[1+\frac{\sqrt{2}k_1^2\sigma+k_1s}{\sqrt{2}(k_2-k_1^2)\sigma}\right]\mathrm{Cov}(\hat{\beta}_2,\hat{\gamma}_2)
\end{aligned}
$$

$$+\frac{k_1^2}{8(k_2-k_1^2)^2\sigma^2}\mathrm{Var}(\hat{\gamma}_2)+o\left(\frac{1}{n}\right)$$

$$=\frac{(1+2\rho_{22})k_1^2(k_4-k_2^2)-4k_1k_2[k_3-k_1k_2+(\rho_{12}+\rho_{21})\sqrt{k_4-k_2^2}\sqrt{k_2-k_1^2}]}{2(k_2-k_1^2)^2n}\sigma^2$$

$$+\frac{2(1+2\rho_{11})k_2^2}{(k_2-k_1^2)n}\sigma^2+o\left(\frac{1}{n}\right)$$

(2) $\hat{s}_3=f_3(\hat{\beta}_2,\hat{\gamma}_2)$，由引理 3.3

$$p\lim_{n\to\infty}\hat{s}_3=s,\sqrt{n}(\hat{s}_3-s)\xrightarrow{d}N(0,\sigma_3^2(s))$$

七、引理 3.4 的证明

(1) $\mathrm{Cov}(\hat{\beta}_1,\hat{\gamma}_2)=\frac{1}{n(n-1)}\mathrm{Cov}\left[\sum_{t=1}^{n-1}R_t,\sum_{t=1}^{n-1}(R_{t,t+1}^2+2sR_{t,t+1})\right]$

$$=\frac{1}{n}[\mathrm{Cov}(R_t+R_{t+1},R_{t,t+1}^2)+2s\mathrm{Cov}(R_t+R_{t+1},R_{t,t+1})]$$

$$=\frac{4\delta_{12}\sqrt{k_4-k_2^2}\sqrt{k_2-k_1^2}\sigma^3+4\sqrt{2}\delta_{11}(k_2-k_1^2)s\sigma^2}{n}$$

(2) 根据中心极限定理易得

$$\sqrt{n}\begin{pmatrix}\hat{\beta}_1-\beta_1\\ \hat{\gamma}_2-\gamma_2\end{pmatrix}\xrightarrow{d}N(0,\Sigma_4)$$

八、定理 3.4 的证明

(1) 令 $s_4=f_4(\beta_1,\gamma_2)$

$$=\frac{(2k_2-\sqrt{2}k_1^2)\beta_1-k_1\sqrt{2(k_1^2-k_2)\beta_1^2+[2k_2+(1-2\sqrt{2})k_1^2]\gamma_2}}{2k_2+(1-2\sqrt{2})k_1^2}$$

$E(\hat{s}_4)=Ef_4(\hat{\beta}_1,\hat{\gamma}_2)$

$$=f_4(\beta_1,\gamma_2)+f_{4,\beta_1}(\beta_1,\gamma_2)E(\hat{\beta}_1-\beta_1)+f_{4,\gamma_2}(\beta_1,\gamma_2)E(\hat{\gamma}_2-\gamma_2)$$

$$+\frac{1}{2}f_{4,\beta_1\beta_1}(\beta_1,\gamma_2)E(\hat{\beta}_1-\beta_1)^2+\frac{1}{2}f_{4,\gamma_2\gamma_2}(\beta_1,\gamma_2)E(\hat{\gamma}_2-\gamma_2)^2$$

$$+ f_{4,\beta_1\gamma_2}(\beta_1,\gamma_2)E(\hat{\beta}_1-\beta_1)(\hat{\gamma}_2-\gamma_2)+o\left(\frac{1}{n}\right)$$

$$= s+\frac{k_1(k_2-k_1^2)\gamma_2}{[(2k_2-\sqrt{2}k_1^2)\sigma+(\sqrt{2}-1)k_1 s]^3}\mathrm{Var}(\hat{\beta}_1)$$

$$+\frac{2k_1k_2+(1-2\sqrt{2}k_1^3)}{8[(2k_2-\sqrt{2}k_1^2)\sigma+(\sqrt{2}-1)k_1 s]^3}\mathrm{Var}(\hat{\gamma}_2)$$

$$+\frac{(k_1^3-k_1k_2)(k_1\sigma+s)}{[(2k_2-\sqrt{2}k_1^2)\sigma+(\sqrt{2}-1)k_1 s]^3}\mathrm{Cov}(\hat{\beta}_1,\hat{\gamma}_2)+o\left(\frac{1}{n}\right)$$

$$= s+\frac{l_{41}\sigma^3+l_{42}s\sigma^2+l_{43}s^2\sigma}{n[(2k_2-\sqrt{2}k_1^2)\sigma+(\sqrt{2}-1)k_1 s]^3}\sigma+o\left(\frac{1}{n}\right)$$

$$E(\hat{s}_4-s)^2 = E(f_4(\hat{\beta}_1,\hat{\gamma}_2)-f_4(\beta_1,\gamma_2))^2$$

$$= E\Big[f_4(\beta_1,\gamma_2)+f_{4,\beta_1}(\beta_1,\gamma_2)(\hat{\beta}_1-\beta_1)+f_{4,\gamma_2}(\beta_1,\gamma_2)(\hat{\gamma}_2-\gamma_2)$$

$$+\frac{1}{2}f_{4,\beta_1\beta_1}(\beta_1,\gamma_2)(\hat{\beta}_1-\beta_1)^2+\frac{1}{2}f_{4,\gamma_2\gamma_2}(\beta_1,\gamma_2)(\hat{\gamma}_2-\gamma_2)^2$$

$$+f_{4,\beta_1\gamma_2}(\beta_1,\gamma_2)(\hat{\beta}_1-\beta_1)(\hat{\gamma}_2-\gamma_2)+o\left(\frac{1}{n}\right)-f_4(\beta_1,\gamma_2)\Big]^2$$

$$= \frac{(2k_2\sigma+\sqrt{2}k_1 s)^2}{[(2k_2-\sqrt{2}k_1^2)\sigma+(\sqrt{2}-1)k_1 s]^2}\mathrm{Var}(\hat{\beta}_1)$$

$$+\frac{k_1^2}{4[(2k_2-\sqrt{2}k_1^2)\sigma+(\sqrt{2}-1)k_1 s]^2}\mathrm{Var}(\hat{\gamma}_2)$$

$$-\frac{2k_1k_2\sigma+\sqrt{2}k_1 s}{[(2k_2-\sqrt{2}k_1^2)\sigma+(\sqrt{2}-1)k_1 s]^2}\mathrm{Cov}(\hat{\beta}_1,\hat{\gamma}_2)+o\left(\frac{1}{n}\right)$$

$$= \frac{m_{41}\sigma^2+m_{42}s\sigma+m_{43}s^2}{n[(2k_2-\sqrt{2}k_1^2)\sigma+(\sqrt{2}-1)k_1 s]^2}\sigma^2+o\left(\frac{1}{n}\right)$$

(2) $\hat{s}_4 = f_4(\hat{\beta}_1,\hat{\gamma}_2)$，由引理 3.4 易得

$$p\lim_{n\to\infty}\hat{s}_5 = s,\sqrt{n}(\hat{s}_4-s)\xrightarrow{d}N(0,\sigma_4^2(s))$$

九、引理 3.5 的证明

(1) $\mathrm{Cov}(\hat{\beta}_2,\hat{\gamma}_1) = \dfrac{1}{n(n-1)}\mathrm{Cov}\left[\sum_{t=1}^{n-1}R_{t,t+1},\sum_{t=1}^{n-1}(R_t^2+2sR_t)\right]$

$$= \frac{1}{n}[\mathrm{Cov}(R_{t,t+1}, R_t^2 + R_{t+1}^2) + 2s\mathrm{Cov}(R_{t,t+1}, R_t + R_{t+1})]$$

$$= \frac{2\sqrt{2}\delta_{21}\sqrt{k_4 - k_2^2}\sqrt{k_2 - k_1^2}\sigma^3 + 4\sqrt{2}\delta_{11}(k_2 - k_1^2)s\sigma^2}{n}$$

（2）根据中心极限定理易得

$$\sqrt{n}\begin{pmatrix}\hat{\beta}_2 - \beta_2 \\ \hat{\gamma}_1 - \gamma_1\end{pmatrix} \xrightarrow{d} N(0, \Sigma_5)$$

十、定理 3.5 的证明

（1）$s_6 = f_6(\beta_2, \gamma_1)$

$$= \frac{(k_2 - \sqrt{2}k_1^2)\beta_2 + \sqrt{2}k_1\sqrt{(k_1^2 - k_2)\beta_2^2 + [k_2 + (2 - 2\sqrt{2})k_1^2]\gamma_1}}{k_2 + (2 - 2\sqrt{2})k_1^2}$$

$$E(\hat{s}_5) = Ef_5(\hat{\beta}_2, \hat{\gamma}_1)$$

$$= f_5(\beta_2, \gamma_1) + f_{5,\beta_2}(\beta_2, \gamma_1)E(\hat{\beta}_2 - \beta_2) + f_{5,\gamma_1}(\beta_2, \gamma_1)E(\hat{\gamma}_1 - \gamma_1)$$

$$+ \frac{1}{2}f_{5,\beta_2\beta_2}(\beta_2, \gamma_1)E(\hat{\beta}_2 - \beta_2)^2 + \frac{1}{2}f_{5,\gamma_1\gamma_1}(\beta_2, \gamma_1)E(\hat{\gamma}_1 - \gamma_1)^2$$

$$+ f_{5,\beta_2\gamma_1}(\beta_2, \gamma_1)E(\hat{\beta}_2 - \beta_2)(\hat{\gamma}_1 - \gamma_1) + o\left(\frac{1}{n}\right)$$

$$= s + \frac{\sqrt{2}(k_1^3 - k_1k_2)(k_2\sigma^2 + 2k_1s\sigma + s^2)}{2[(\sqrt{2}k_1^2 - k_2)\sigma + (\sqrt{2} - 1)k_1s]^3}\mathrm{Var}(\hat{\beta}_2)$$

$$- \frac{\sqrt{2}k_1k_2 + (2\sqrt{2} - 4)k_1^3}{8[(\sqrt{2}k_1^2 - k_2)\sigma + (\sqrt{2} - 1)k_1s]^3}\mathrm{Var}(\hat{\gamma}_1)$$

$$- \frac{\sqrt{2}(k_1^3 - k_1k_2)(\sqrt{2}k_1\sigma + s)}{2[(\sqrt{2}k_1^2 - k_2)\sigma + (\sqrt{2} - 1)k_1s]^3}\mathrm{Cov}(\hat{\beta}_2, \hat{\gamma}_1) + o\left(\frac{1}{n}\right)$$

$$= s + \frac{l_{51}\sigma^3 + l_{52}s\sigma^2 + l_{53}s^2\sigma}{2n[(\sqrt{2}k_1^2 - k_2)\sigma + (\sqrt{2} - 1)k_1s]^3}\sigma + o\left(\frac{1}{n}\right)$$

$$E(\hat{s}_5 - s)^2 = E[f_5(\hat{\beta}_2, \hat{\gamma}_1) - f_5(\beta_2, \gamma_1)]^2$$

$$= E\Big[f_5(\beta_2, \gamma_1) + f_{5,\beta_2}(\beta_2, \gamma_1)(\hat{\beta}_2 - \beta_2) + f_{5,\gamma_1}(\beta_2, \gamma_1)(\hat{\gamma}_1 - \gamma_1)$$

$$+\frac{1}{2}f_{5,\beta_2\beta_2}(\beta_2,\gamma_1)(\hat{\beta}_2-\beta_2)^2+\frac{1}{2}f_{5,\gamma_1\gamma_1}(\beta_2,\gamma_1)(\hat{\gamma}_1-\gamma_1)^2$$

$$+f_{5,\beta_2\gamma_1}(\beta_2,\gamma_1)(\hat{\beta}_2-\beta_2)(\hat{\gamma}_1-\gamma_1)+o\left(\frac{1}{n}\right)-f_5(\beta_2,\gamma_1)\Big]^2$$

$$=\frac{(k_2\sigma+k_1s)^2}{\left[(\sqrt{2}k_1^2-k_2)\sigma+(\sqrt{2}-1)k_1s\right]^2}\mathrm{Var}(\hat{\beta}_2)$$

$$+\frac{k_1^2}{2\left[(\sqrt{2}k_1^2-k_2)\sigma+(\sqrt{2}-1)k_1s\right]^3}\mathrm{Var}(\hat{\gamma}_1)$$

$$-\frac{\sqrt{2}k_1k_2\sigma+\sqrt{2}k_1^2s^2}{\left[(\sqrt{2}k_1^2-k_2)\sigma+(\sqrt{2}-1)k_1s\right]^3}\mathrm{Cov}(\hat{\beta}_2,\hat{\gamma}_1)+o\left(\frac{1}{n}\right)$$

$$=\frac{m_{51}\sigma^2+m_{52}s\sigma+m_{53}s^2}{n\left[(\sqrt{2}k_1^2-k_2)\sigma+(\sqrt{2}-1)k_1s\right]^2}\sigma^2+o\left(\frac{1}{n}\right).$$

(2) $\hat{s}_5=f_5(\hat{\beta}_2,\hat{\gamma}_1)$，由引理 3.11 得

$$p\lim_{n\to\infty}\hat{s}_5=s,\sqrt{n}(\hat{s}_5-s)\xrightarrow{d}N(0,\sigma_5^2(s))$$

十一、推论 3.1 的证明

(1) 令 $p=\sigma/s$，当 $n\to\infty$ 时，

$$|bias(\hat{s}_{hl})|=\frac{\sigma}{n}\frac{2+\sqrt{2}}{8}\left\{-\frac{(k_4-k_2^2)p^2+4(k_3-k_1k_2)p+4(k_2-k_1^2)}{(k_2p+2k_1p+1)^{3/2}}\right.$$

$$+\frac{4(k_4-k_2^2)(1+2\rho_{11})}{\sqrt{2}(2k_2p^2+2\sqrt{2}k_1p+1)^{3/2}}$$

$$\left.+\frac{8\sqrt{2}[(k_3-k_1k_2)p^2+(\rho_{12}+\rho_{21})\sqrt{k_4-k_2^2}\sqrt{k_2-k_1^2}]p+8(1+2\rho_{11})(k_2-k_1^2)}{\sqrt{2}(2k_2p^2+2\sqrt{2}k_1p+1)^{3/2}}\right\}+o\left(\frac{1}{n}\right)$$

则 $|bias(\hat{s}_{hl})|$ 是 p 的增函数。

当 $p=0$ 时，

$$|bias(\hat{s}_{hl})|=0$$

当 $p\to\infty$ 时，

$$|bias(\hat{s}_{hl})|=\frac{0.1861\sigma}{n}$$

$$bias(\hat{s}_1)=0$$

$$|bias(\hat{s}_2)|=\frac{\sigma}{n}\frac{k_1k_4+3k_1k_2^2-4k_1^2k_3}{8(k_2-k_1^2)^2}+o\left(\frac{1}{n}\right)\doteq\frac{1.4433\sigma}{n}$$

$$|bias(\hat{s}_3)| = \frac{\sigma}{n}\frac{1}{2\sqrt{2}(k_2-k_1^2)^2}[2(1+2\rho_{11})k_1k_2(k_2-k_1^2)$$

$$+\left(\frac{1}{2}+\rho_{22}\right)k_1(k_4-k_2^2)-2k_1^2(k_3-k_1k_2)$$

$$-2(\rho_{12}+\rho_{21})k_1^2\sqrt{k_4-k_2^2}\sqrt{k_2-k_1^2}]+o\left(\frac{1}{n}\right)\doteq\frac{3.1191\sigma}{n}$$

$$bias(\hat{s}_4)=\frac{\sigma}{n}\frac{l_{41}p^2+l_{42}p+l_{43}}{[(2k_2-\sqrt{2}k_1^2)p+(\sqrt{2}-1)k_1]^3}+o\left(\frac{1}{n}\right)$$

$|bias(\hat{s}_4)|$先递减后递增，

当 $p=0$ 时

$$|bias(\hat{s}_4)|\doteq 0$$

当 $p\to\infty$时

$$|bias(\hat{s}_4)|\doteq\frac{0.2660\sigma}{n},\quad \mathrm{Min}|bias(\hat{s}_4)|\doteq\frac{0.2437\sigma}{n}$$

$$bias(\hat{s}_5)=\frac{\sigma}{n}\frac{l_{51}p^3+l_{52}p^2+l_{53}p}{2[(\sqrt{2}k_1^2-k_2)p+(\sqrt{2}-1)k_1]^3}+o\left(\frac{1}{n}\right)$$

$|bias(\hat{s}_5)|$是 p 的增函数，

当 $p=0$

$$|bias(\hat{s}_5)|\doteq 0$$

当 $p\to\infty$

$$|bias(\hat{s}_5)|=\frac{0.5928\sigma}{n}$$

故有

$$|bias(\hat{s}_1)|<|bias(\hat{s}_{hl})|<|bias(\hat{s}_5)|<|bias(\hat{s}_2)|<|bias(\hat{s}_3)|$$

$$|bias(\hat{s}_1)|<|bias(\hat{s}_{hl})|<|bias(\hat{s}_4)|<|bias(\hat{s}_2)|<|bias(\hat{s}_3)|$$

并且，当 $\sigma/<0.7095$

$$|bias(\hat{s}_5)|<|bias(\hat{s}_4)|$$

当 $\sigma/s>0.7095$

$$|bias(\hat{s}_5)|>|bias(\hat{s}_4)|$$

(2)

$$\mathrm{Var}(\hat{s}_{hl}) = \frac{\sigma^2}{n}\left\{-\frac{8\sqrt{2}\delta_{22}(k_4-k_2^2)p^2+(16\sqrt{2}\delta_{12}+16\delta_{21})\sqrt{k4-k_2^2}\sqrt{k_2-k_1^2}p+32\delta_{11}(k_2-k_1^2)}{(k_2p^2+2k_1p+1)^{1/2}(2k_2p^2+2\sqrt{2}k_1p+1)^{1/2}}\right.$$

$$+\frac{(4+8\rho_{22})(k_4-k_2^2)p^2+8\sqrt{2}[k_3-k_1k_2+(\rho_{12}+\rho_{21})\sqrt{k_4-k_2^2}\sqrt{k_2-k_1^2}]p+8(1+2\rho_{11})(k_2-k_1^2)}{2k_2p^2+2\sqrt{2}k_1p+1}$$

$$\left.+\frac{2(k_4-k_2^2)p^2+4(k_3-k_1k_2)p+4(k_2-k_1^2)}{k_2p^2+2k_1p+1}\right\}\frac{3+2\sqrt{2}}{4}+o\left(\frac{1}{n}\right)$$

$|\mathrm{Var}(\hat{s}_{hl})|$ 是 p 的增函数，

当 $p=0$

$$|\mathrm{Var}(\hat{s}_{hl})| \doteq \frac{0.9462\sigma^2}{n}$$

当 $p\to\infty$

$$|\mathrm{Var}(\hat{s}_{hl})| \doteq \frac{1.3283\sigma^2}{n};$$

$$\mathrm{Var}(\hat{s}_1) = \frac{\sigma^2}{n}(12+8\sqrt{2})(1+\rho_{11}-2\delta_{11})(k_2-k_1^2)+o\left(\frac{1}{n}\right) \doteq \frac{0.9462\sigma^2}{n}$$

$$\mathrm{Var}(\hat{s}_2) = \frac{\sigma^2}{n}\frac{4k_2^3+k_1^2k_4-4k_1k_2k_3-k_1^2k_2^2}{4(k_2-k_1^2)^2}+o\left(\frac{1}{n}\right) \doteq \frac{1.5532\sigma^2}{n}$$

$$\mathrm{Var}(\hat{s}_3) = \frac{\sigma^2}{n}\left\{\frac{(1+2\rho_{22})k_1^2(k_4-k_2^2)-4k_1k_2[k_3-k_1k_2+(\rho_{12}+\rho_{21})\sqrt{k_4-k_2^2}\sqrt{k_2-k_1^2}]}{2(k_2-k_1^2)^2n}+\frac{2(1+2\rho_{11}k_2^2)}{k_2-k_1^2}\right\}$$

$$+o\left(\frac{1}{n}\right) \doteq \frac{3.0055\sigma^2}{n}$$

$$\mathrm{Var}(\hat{s}_4) = \frac{\sigma^2}{n}\frac{m_{41}p^2+m_{42}p+m_{43}}{[(2k_2-\sqrt{2}k_1^2)p+(\sqrt{2}-1)k_1]^2}+o\left(\frac{1}{n}\right)$$

$|\mathrm{Var}(\hat{s}_4)|$先递减后递增，

当 $p=0$

$$|\mathrm{Var}(\hat{s}_4)| \doteq \frac{0.946\,2\sigma^2}{n}$$

当 $p\to\infty$

$$|\mathrm{Var}(\hat{s}_4)| \doteq \frac{0.929\,1\sigma^2}{n}, \mathrm{Min}\,|\mathrm{Var}(\hat{s}_4)| \doteq \frac{0.910\,9\sigma^2}{n}$$

$$\mathrm{Var}(\hat{s}_5) = \frac{\sigma^2}{n}\frac{m_{51}p^2 + m_{52}p + m_{53}}{[(\sqrt{2}k_1^2 - k_2)p + (\sqrt{2}-1)k_1]^2} + o\left(\frac{1}{n}\right)$$

$|\mathrm{Var}(\hat{s}_5)|$是 p 的增函数，

且当 $p=0$

$$|\mathrm{Var}(\hat{s}_5)| \doteq \frac{0.946\,2\sigma^2}{n}$$

当 $p\to\infty$

$$|\mathrm{Var}(\hat{s}_5)| \doteq \frac{1.876\,3\sigma^2}{n}$$

当 $n\to\infty$, $MSE(\hat{s})=\mathrm{Var}(\hat{s})$，因此

$$MSE(\hat{s}_4) < MSE(\hat{s}_1) < MSE(\hat{s}_{hl}) < MSE(\hat{s}_2) < MSE(\hat{s}_3),$$

$$MSE(\hat{s}_4) < MSE(\hat{s}_1) < MSE(\hat{s}_{hl}) < MSE(\hat{s}_5) < MSE(\hat{s}_3)$$

当 $\sigma/s<2.076\,6$ 时

$$MSE(\hat{s}_5) < MSE(\hat{s}_2)$$

当 $\sigma/s>2.0766$ 时

$$MSE(\hat{s}_5) > MSE(\hat{s}_2)$$

附录 C　第四章相关定理证明

一、定理 4.1 的证明

(1) 相合性由 White(1994)定理 3.5 易得。

(2) 由 White(1994)可得

$$\hat{\theta}_{QMLE} - \theta^* \xrightarrow{d} N(0, h^{-1}(\theta)i(\theta)h^{-1}(\theta))$$

其中

$$h(\theta) = E_f\left[\frac{\partial^2 \ln \widetilde{f}(R_t^o;\theta)}{\partial\theta^2}\right]$$

$$i(\theta) = E_f\left[\frac{\partial \ln \widetilde{f}(R_t^o;\theta)}{\partial\theta}\frac{\partial \ln \widetilde{f}(R_t^o;\theta)}{\partial\theta'}\right]$$

令 $h(\theta)=\begin{bmatrix} h_{11}h_{12} \\ h_{21}h_{22}\end{bmatrix}, i(\theta)=\begin{bmatrix} i_{11}i_{12} \\ i_{21}i_{22}\end{bmatrix}$，则

$$h_{11} = \frac{1}{\sigma^2}\left(-15.75E\frac{1}{L^2}+11.76E\frac{\ln L}{L^2}\right),$$

$$h_{12} = h_{21} = -\frac{11.76}{\sigma^2}E\frac{1}{L},\quad h_{22} = -\frac{11.76}{\sigma^2}$$

$$i_{11} = \frac{1}{\sigma^2}\left(15.95E\frac{1}{L^2}+138.18E\frac{\ln^2 L}{L^2}-93.89E\frac{\ln L}{L^2}\right),$$

$$i_{12} = i_{21} = \frac{1}{\sigma^2}\left(138.18E\frac{\ln^2 L}{L}-105.65E\frac{\ln L}{L}+19.94E\frac{1}{L}\right),$$

$$i_{22} = \frac{11.76}{\sigma^2}$$

其中，L 是标准布朗过程的极差序列，通过模拟 L 序列得到

$E\ln L = 0.425$， $E1/L = 0.686$， $E\ln L/L = 0.231$， $E\ln^2 L/L = 0.132$，

$E1/L^2 = 0.509$， $E\ln L/L^2 = 0.133$， $E\ln^2 L/L^2 = 0.072$

故有

$$\sqrt{n}\begin{pmatrix}\hat{s}_{QMLE}-s^* \\ \hat{\sigma}_{QMLE}-\sigma^*\end{pmatrix} \xrightarrow{d} N\left(0,\sigma^2\begin{pmatrix}0.9786 & -0.7232 \\ -0.7232 & 0.6168\end{pmatrix}\right)$$

二、定理 4.2 的证明

由于 $\underset{\theta\in\Theta}{\mathrm{Max}}E_f[\ln \widetilde{f}(R_t^o;\theta)] = \underset{(s_0,\sigma_0)^{\mathrm{T}}}{\mathrm{Min}}\, E\left\{\ln(R_t^o-s)+\frac{[\ln(R_t^o-s)-0.425-\ln\sigma]^2}{2\times 0.292^2}\right\}$，

对参数 $\theta=(s,\sigma)^{\mathrm{T}}$ 求一阶偏导可得

$$\frac{\partial E_f[\ln \widetilde{f}(R_t^o;\theta)]}{\partial\theta} = E_{f((s_0,\sigma_0)^{\mathrm{T}})}\left[\frac{\ln \widetilde{f}(R_t^o;\theta)}{\partial\theta}\right]$$

$$= E_{f((s_0,\sigma_0)^{\mathrm{T}})}\begin{pmatrix} -\dfrac{1}{R_t^o - s}\left[1 + \dfrac{\ln(R_t^o - s) - 0.425 - \ln\sigma}{0.292^2}\right] \\ -\dfrac{1}{\sigma}\,\dfrac{\ln(R_t^o - s) - 0.425 - \ln\sigma}{0.292^2} \end{pmatrix}$$

不妨设 $g(\theta) = g((s,\sigma)^{\mathrm{T}}) = \begin{pmatrix} \dfrac{1}{R_t^o - s}\left[1 + \dfrac{\ln(R_t^o - s) - 0.425 - \ln\sigma}{0.292^2}\right] \\ \dfrac{1}{\sigma}\,\dfrac{\ln(R_t^o - s) - 0.425 - \ln\sigma}{0.292^2} \end{pmatrix}$

则

$$E_{f_0} g(\theta^*) = 0, E_{f_0} g(\theta_0) \approx \frac{1}{\sigma_0}\begin{pmatrix} -0.0275 \\ 0 \end{pmatrix}$$

又因为

$$E_{f_0} g(\theta^*) - E_{f_0} g(\theta_0) \approx E_{f_0}\left[\frac{\partial g(R_t^o;\theta_0)}{\partial \theta}(\theta^* - \theta_0)\right]$$

且

$$E_{f_0}\left[\frac{\partial g(R_t^o;\theta_0)}{\partial \theta}\right] = \frac{1}{\sigma_0^2}\begin{pmatrix} 6.467 & 8.066 \\ 8.066 & 11.755 \end{pmatrix}$$

因此

$$s^* - s_0 \approx 0.029\sigma_0, \sigma^* - \sigma_0 \approx -0.020\sigma_0$$